Den Garten winterfest machen

garant

Inhalt

Der Ziergarten

Wenn es draußen kühler wird, ist es an der Zeit, den Ziergarten langsam auf den Winter vorzubereiten. Beginnen Sie damit im September und nehmen Sie sich jeden Monat bis zum Winter neue Gartenaufgaben vor.
Der Blütenausklang im Garten begrüßt uns noch einmal mit wunderschöner Farben- und Formenvielfalt. Jetzt ist die Zeit der Herbstblüher gekommen. Filigrane Gräser wetteifern mit den leuchtenden Farben der Astern, zarte Herbstanemonen zeigen sich in verschiedenen Farben. Auch die Dahlien versüßen uns den Herbst. Die hübschen Schnittblumen bilden vom Sommer bis zum ersten Frost herrliche Blüten. Wenn Sie Verblühtes regelmäßig abschneiden, bilden sich wieder neue Knospen. Das gilt übrigens für alle Blühstauden.

Der winterfeste Ziergarten

Astern gehören zu den Schmuckstauden, die uns bis in den September hinein erfreuen. Sie sind ein dekorativer Blickpunkt für Rabatten, können aber auch in Einzelstellung stehen. Das empfiehlt sich besonders für die großen Formen. Schalen und Kästen lassen sich mit Astern wunderschön bepflanzen. Arrangieren Sie dazu noch Heidekraut und Gräser und stellen Sie Ihre individuelle Balkonbepflanzung zusammen.

Auch die Fetthennen sind eine wunderbare Zierde im Herbstgarten. Ihre rosa- oder violettfarbenen Blütenschirme zeigen sich ab Ende August und sind ein willkommenes Geschenk für Scharen von Schmetterlingen. Fetthennen lassen sich gut mit Gräsern kombinieren, denn beide gedeihen auf einem durchlässigen, nicht zu nährstoffreichen Boden. Neue Züchtungen von Gräsern wie das Japanische Blutgras (Red Baron) ergeben zusammen mit Gehölzen und Stauden eine herrliche Farbsymphonie.

Samen zur Weitervermehrung ernten

Damit Sie sich auch im nächsten Jahr an einer wunderschönen Blütenpracht im Ziergarten erfreuen können, sollten Sie im Spätsommer bis zum Herbst Samen sammeln. Manche Sommerblumen vermehren sich sogar selbst, denn sie lassen die Samen einfach fallen. Hier brauchen Sie nur die Erde etwas zu lockern, damit die Samen dann bis zum nächsten Frühjahr ruhen und keimen können. Die andere Alternative ist, die Lieblingsblumen wie Akelei, Mohn, Kapuzinerkresse oder Sonnenblumen aus Samen wieder neu zu ziehen. Auch Petunien, Vergissmeinnicht, Zwergdahlien oder Tagetes sind perfekt für die Samenernte. Dazu muss der Samen reif sein. Am besten ernten Sie ihn bei trockenem und warmem Wetter.

Nehmen Sie die Gartenschere oder ein scharfes Messer und schneiden Sie dann die ausgereiften Samenstände ab. Nach dem Ernten müssen die Samen trocknen. Damit Sie beim Trocknen die Samen nicht verwechseln, beschriften Sie am besten kleine Schilder, die Sie zu den Samen legen. Zwar können Sie die Samen auch draußen trocknen, empfehlenswert ist es aber einen warmen Raum im Haus zu nutzen. Legen Sie die Samen auf Papier oder Küchenkrepp, bis sie vollständig getrocknet sind. Zum Aufbewahren eignen sich Gläser, die Sie mit dem Namen der Blumen und dem Zeitpunkt der Samenernte etikettieren. Lagern Sie die Gläser dunkel, trocken und kühl.

Stecklinge machen

Viele Beet- und Balkonpflanzen sowie Stauden lassen sich durch Stecklinge vermehren. Stecklinge sind Sprossteile, die von einer Pflanze abgeschnitten werden, um sie dann zur Bewurzelung zu bringen. Diese Vermehrungsmethode funktioniert deshalb, weil das Sprossteil in der Lage ist, eine Jungpflanze auszubilden. Stecklingsvermehrung ist bei vielen Pflanzen, beispielsweise bei Geranien, Petunien, Sonnen-

Tipp

Zum Schneiden von Stecklingen benutzen Sie am besten ein scharfes Stecklingsmesser. Mit einer stumpfen Schere könnten Sie die Schnittstelle quetschen. Haben Sie kein solches Messer zur Hand, können Sie als Alternative eine scharfe Rasierklinge nutzen.

hut oder Sommerflieder möglich. Geeignet sind gesunde und kräftige Triebe, die nicht blühen sollten. Zu schwache oder zu dünne Triebe sollten Sie nicht nehmen.

Schneiden Sie am besten immer unterhalb eines Blattknotens. Hier finden sich besonders viele Substanzen, die für die Wurzelbildung sorgen. Bis auf die oberen Blätter sollten Sie alle anderen Blätter und eventuelle Blütenknospen entfernen. Diese verdunsten sonst unnötig Wasser und der Steckling wird geschwächt. Für die Stecklinge können Sie spezielle Torftöpfe nutzen, die mit einem durchwurzelbaren, keimfreien Substrat gefüllt werden. Bohren Sie ein Loch in die angefeuchtete Aussaaterde, stecken Sie den Steckling hinein und drücken Sie die Erde dann leicht an. Stecken Sie den Steckling nur so tief hinein, dass er gut stehen kann. Empfehlenswert ist es, die Luftfeuchtigkeit so hoch wie möglich zu halten. Das können Sie mit einer dünnen Folie oder einer Kunststoffhaube erreichen, die Sie über den Steckling ziehen. Achten Sie aber darauf, dass die Folie die Blätter nicht berührt. Ansonsten kann leicht Fäulnis entstehen. Möchten Sie viele Stecklinge ziehen, lohnt sich der Einsatz eines Mini-Gewächshauses.

Zwar funktioniert auch die Bewurzelung von Stecklingen in vielen Fällen im Wasser, doch beim späteren Einpflanzen in die Erde können die zarten Wurzeln beschädigt werden. Manche Pflanzen mögen auch die Umstellung von Wasser auf Erde nicht. Deshalb ist es sinnvoller, die Stecklinge gleich in Anzuchterde zu setzen, ohne sie zuvor ins Wasser zu stellen. Die Bewurzelung im Wasser bietet sich vor allem für solche Pflanzen an, die später in Hydrokultur gehalten werden. Das ist aber meist nur bei Zimmerpflanzen der Fall.

Vermeiden Sie es, die Stecklinge von oben anzugießen, da sonst Pilzkrankheiten auftreten können. Besser ist es, das Wasser in einen

Untersetzer zu gießen. Von dort aus kann es durch das Substrat langsam nach oben steigen. Bewurzelungshormone müssen Sie nicht einsetzen, denn die Stecklinge werden unter guten Bedingungen ab etwa 15 Grad Celsius Bodentemperatur bewurzelt. Das dauert bei guter Pflege ungefähr sieben bis zehn Tage. Stellen Sie die Stecklinge in einen hellen, temperierten Raum, jedoch nicht direkt in die Sonne. Halten Sie das Substrat immer etwas feucht, aber auf gar keinen Falls nass. Bei zu viel Nässe können sich die Wurzeln nicht richtig ausbilden und Fäulnis wird gefördert. Wenn Blätter von den Stecklingen abfallen, heben Sie die Folie an und entfernen Sie diese. Angewachsen ist der Steckling dann, wenn er neue Blätter bildet. Lassen Sie Ihre Herbststecklinge nun in einem hellen, warmen Raum überwintern. Bereits ab Januar können Sie sie in größere Töpfe setzen, bevor Sie die Jungpflanzen im Frühjahr ins Freie bringen.

Geranien überwintern

Eigentlich sind Geranien mehrjährige Pflanzen, werden aber meist schon nach einer Gartensaison entsorgt. Das muss nicht sein.
Außerdem können Sie von Ihren Lieblingsgeranien sogar Stecklinge ziehen. Nehmen Sie am besten eine kleine Handschaufel zu Hilfe und lösen Sie die Pflanze vorsichtig aus dem Kasten. Die lockere Erde klopfen Sie sacht ab. Achten Sie darauf, dass Sie die feinen Wurzeln dabei nicht beschädigen.

Triebe kürzen und Stecklinge schneiden

Mit einer scharfen Gartenschere kürzen Sie nun alle Triebe auf etwa zehn Zentimeter Länge. Pro Seitentrieb reichen zwei bis drei dickere Knoten. Aus diesen wird die Geranie dann im nächsten Frühjahr wieder austreiben. Entfernen Sie jetzt noch die großen Blätter. Das reduziert die Gefahr von Schädlingsbefall im Winterquartier. Kleinere Blätter können bleiben. Wenn Sie nun Stecklinge haben möchten, nehmen Sie die Triebe, die Sie entfernt haben und schneiden daraus Ihre Stecklinge.

> **Tipp**
>
> Wenn Sie die Triebe nachschneiden, achten Sie darauf, dass der eigentliche Schnitt immer dicht unter einem Blattknoten liegt. Hier lagern besonders viele Nährstoffe, die das Bewurzeln fördern.

Vermehrung durch Kopfstecklinge

Achten Sie darauf, nur einwandfreie, gesunde Mutterpflanzen zu verwenden. Nehmen Sie ein Stecklingsmesser und schneiden Sie Ihren Steckling. Kopfstecklinge sind Triebspitzen mit einer Länge von rund sieben bis zehn Zentimetern. Besitzen sie zwei bis drei gut ausgebildete Blätter, ist das ideal. Nun entfernen Sie das unterste Blatt und kleinere Blättchen sowie etwaige Blütenansätze und „putzen" so den Steckling.

So vorbereitet ist er fertig zum Einsetzen in das Vermehrungssubstrat. Füllen Sie das Substrat in einen kleinen Tontopf und setzen Sie den Steckling ein. Man sollte ihn nicht zu tief in den Boden setzen, da sonst die Wurzelbildung beeinträchtigt werden kann. Jetzt gießen Sie ihn vorsichtig an. Für ein günstiges Kleinklima stülpen Sie eine Plastiktüte über den Steckling, in der sich einige Löcher befinden. Geranien mögen keine zu hohe Luftfeuchtigkeit und durch die Löcher kann die Luft gut zirkulieren. Halten Sie das Substrat immer gleichmäßig feucht und vermeiden Sie Staunässe. Die Temperatur sollte zwischen 18 und 20 Grad Celsius liegen.

für Korrekturschnitte ist jetzt die richtige Zeit. Möchten Sie aus Ihrem Buchs eine Kugel formen, ist das gar nicht schwierig. Schneiden Sie zunächst ein Quadrat – z. B. mit der Elektrogartenschere – und formen Sie dann mit der Schere die Ecken rund.

Geräte zum Zurückschneiden

Sie haben die Auswahl zwischen manuellen und elektrisch betriebenen Geräten. Manuelle Gartengeräte sind meist günstiger im Preis und bedeutend leiser. So können Sie auch während der Mittagsruhe in Ihrem Garten arbeiten, ohne die Nachbarn zu stören. Allerdings brauchen Sie hier mehr Zeit und Kraft.

Eine Gartenschere benötigen Sie für alle Pflanzen, die Zweige und Äste mit einem kleinen Durchmesser haben, wie Stauden oder Rosen. Bei einem größeren Durchmesser ist eine Heckenschere empfehlenswert. Müssen Sie Sträucher und Hecken stutzen, die Zweige mit mehr als fünf Zentimeter Durchmesser haben, ist eine Astschere besser geeignet. Achten Sie beim Kauf auf lange Griffe, so können Sie die Hebelwirkung beim Schneiden voll ausnutzen.

Tipp

Wenn die Bäume in bunten Farben leuchten, ist die Herbstzeit eingeläutet. Nun können Sie die letzten warmen Tage im Garten genießen. Nach den ersten kalten Nächten, meistens ist das im Oktober, werfen die Bäume ihr Laub ab und bereiten sich auf den Winter vor. Auch wenn die Berge von Laub so manchen Gärtner fast verzweifeln lassen, es gibt vielerlei Möglichkeiten, die Blätter anders als im Hausmüll zu entsorgen – was Sie grundsätzlich vermeiden sollten. Laub sollten Sie allerdings immer nur dann einsammeln, solange es trocken ist.

Was tun mit dem Herbstlaub?

Kompost gilt im Garten als wichtiges Düngemittel. Auch in kleinen Gärten sollte ein Kompostbehälter zum Kompostieren organischer Abfälle nicht fehlen. Die Kunst besteht darin, die richtigen Bedingungen für die Mikroorganismen zu schaffen. Am besten ist es, wenn der Komposthaufen locker und luftig gelagert wird und gleichmäßig feucht gehalten wird. Zu viel Wasser ist allerdings nicht gut, denn dann kann Fäulnis entstehen. Feuchtes Laub oder Rasenschnitt sollte deshalb nicht auf den Kompost wandern. Trockenes Laub hingegen verrottet auf dem Komposthaufen innerhalb von ein paar Monaten.

Lauberde als Nährstofflieferant

Laub können Sie aber nicht nur auf den normalen Kompost geben, sondern auch in Sammelbehältern lagern. So erhalten Sie nach rund einem Jahr – je nach Temperatur – einen guten Laubkompost. Diesen können Sie dann zur Bodenverbesserung einsetzen. Vor allem Pflanzen, die einen lockeren und humusreichen Untergrund bevorzugen, freuen sich über den Laubkompost. Auch für Beetrosen können Sie Lauberde einsetzen. Im Herbst sollten Sie damit beginnen, die Rosen anzuhäufeln, um sie vor Frostschäden zu schützen. Dazu eignet sich Lauberde hervorragend.

Frostschutz für Hecken und Sträucher

Hecken und Ziersträucher brauchen im Winter einen Frostschutz. Hierfür können Sie Laub gut verwenden. Bringen Sie es in einer dicken Schicht unter den Gehölzen auf und decken Sie es mit etwas Erde ab. So kann es auch bei starkem Wind nicht verweht werden.

Nicht winterharte Zwiebelpflanzen einlagern

Nicht alle Zwiebel- und Knollenblumen sind völlig winterhart. Deshalb reicht ein warmer und geschützter Platz im Garten häufig nicht aus. Während manche unter einer dicken Laubschicht oder mit Tannenreisig abgedeckt im Boden überwintern können, müssen einige Zwiebel- und Knollenpflanzen aus der Erde genommen werden. Dazu gehören unter anderem Dahlien, Gladiolen, Freesien und Knollenbegonien.

Im Herbst ausgraben

Nicht winterharte Knollen- und Zwiebelpflanzen müssen Sie im Herbst aus der Erde holen. Benutzen Sie dazu die Grabgabel und lassen Sie die Knollen etwas abtrocknen. Größere Erdklumpen entfernen Sie, die restliche Erde kann an den Knollen und Zwiebeln verbleiben. Verschaffen Sie sich nun einen Überblick und wählen Sie für die Überwinterung nur gesunde und unbeschädigte Exemplare aus. Sortieren Sie diese nach Arten und Sorten, damit Sie im nächsten Frühjahr wissen, um welche Frühlingsblüher es sich handelt.

Trockene Lagerung

Damit die Zwiebeln und Knollen den Winter gut überstehen, sollten Sie trocken aufbewahrt werden. Nässe und feuchte Luft mögen sie gar nicht. Lagern Sie deshalb die Blumenknollen und -zwiebeln niemals zusammen mit Äpfeln oder Birnen. Kontrollieren Sie alle Exemplare regelmäßig auf eventuelle Faulstellen, damit sich keine Pilzerkrankungen ausbreiten können. Beschädigte oder kranke Knollen und Zwiebeln sollten Sie sofort aussortieren.

Welche Pflanzen brauchen einen Winterschutz?

Nicht alle Pflanzen im Garten können die kalten mitteleuropäischen Winter ohne ausreichenden Winterschutz überstehen. Deshalb sollten Sie bereits Ende Herbst geeignete Maßnahmen ergreifen.

Winterschutz für Rosen

In rauen Klimalagen brauchen Rosen einen Winterschutz. Damit sind sie vor zu starken Temperaturschwankungen und Frost geschützt. Bei Beet-, Strauch und Edelrosen häufeln Sie die Pflanzenbasis etwa 10 bis 15 Zentimeter an. Achten Sie darauf, dass Sie die Veredelungsstelle besonders schützen, da dieser Bereich sehr empfindlich ist. Buschrosen häufeln Sie Anfang November an und decken sie ab. Bei Hochstammrosen müssen Sie die gesamte Krone schützen, denn hier befindet sich die Veredelungsstelle unterhalb der Krone. Dazu können Sie eine Vlieshaube benutzen. Kletterrosen behängen Sie locker mit Fichtenreisig, um sie auf den Winter vorzubereiten.

Frostschutz für junge Zierbäume und immergrüne Gehölze

Durch starke Sonneneinstrahlung und Frost kann die Rinde junger Zierbäume einreißen. Sie können sie mit einem Weißanstrich schützen oder den Stamm mit einer Rohrmatte oder Jutestreifen umwickeln. Bei bedingt winterharten immergrünen Sträuchern wie Kamelien schützen Sie den Wurzelbereich mit einer dicken Abdeckung aus Mulch. So kann der Boden auch bei längerem Frost nicht zu sehr durchfrieren.

Steingartenpflanzen schützen

Auch Steingartenpflanzen, die aus alpinen Regionen stammen, müssen in unseren Breiten geschützt werden. In ihrer Heimat sorgt die natürliche Schneedecke dafür, dass die Pflanzen keine Frostschäden erleiden. Im Flachland fehlt dieser Schutz meist. Deshalb ist es sinnvoll, den Steingarten mit einem Kunststoffvlies abzudecken und frostempfindliche Pflanzen mit einer Laubschicht oder Tannenreisig zu bedecken.

Winterschutz aus Tannenzweigen, Laub oder Schilfmatten

Um Frostschäden an Ihren Pflanzen zu vermeiden, ist ein ausreichender Winterschutz sinnvoll. Kübelpflanzen können Sie mit Vlies, Noppenfolie oder Schilfmatten vor dem Durchfrieren schützen. Bringen Sie den Winterschutz so an, dass Sie die Pflanzen dennoch wässern können. Denn manche immergrünen Gehölze wie zum Beispiel der Buchsbaum brauchen auch in der kalten Jahreszeit ausreichend Feuchtigkeit. Die Topfballen sollten nicht austrocknen.

Die Kombination von Sonne und Frost ist schädlich für Ziergehölze. Wenn die Sonne auf den kalten Stamm trifft, dehnt die Rinde sich aus und kann reißen. Um das zu verhindern, kann ein Weißanstrich helfen. Alternativ können Sie den Stamm auch mit Wintervlies oder Streifen aus Jutegewebe umwickeln. Das hat als positiven Nebeneffekt, dass der Baum gegen Schädlinge geschützt wird.

Auch Ihren Weihnachtsbaum können Sie nach der Weihnachtszeit noch gut als Winterschutz im Garten verwenden. Trennen Sie die Äste und Zweige ab und benutzen Sie sie als Abdeckung für Ihre Rosen oder Frühblüher. Legen Sie die Zweige um die Rosen, die bereits mit Erde angehäufelt sein sollten, und verbessern Sie so nochmals den Schutz im Winter. Bei Hochstammrosen lehnen Sie die Zweige ganz einfach an und helfen den Pflanzen damit, die kalte Jahreszeit besser zu überstehen.
Auch Frühblüher profitieren von dem Recycling Ihres Tannenbaums. Normalerweise brauchen Schneeglöckchen, Krokusse und Narzissen keinen besonderen Schutz, da die Schneedecke sie vor großer Kälte schützt. Herrscht aber ein eisiger Wind und fehlt der Schnee, können Sie Stellen, an denen später Frühlingsblumen blühen, mit Tannenzweigen abdecken.

Immergrüne Pflanzen im Winter richtig pflegen

Damit es immergrünen Pflanzen auch im Winter gut geht, brauchen sie besonderen Schutz. Deshalb sollten die Gehölze im Herbst rechtzeitig gepflanzt werden, sodass sie noch vor Eintritt des Frostes neue Wurzeln bilden können. Immergrüne Laubgehölze und Nadelgehölze wie Koniferen sind insbesondere in den Wintermonaten stark gefährdet, wenn sie nicht genügend neue Wurzeln gebildet haben. So können sie den Verdunstungsverlust der Blätter nicht mehr ausgleichen. Das gilt generell für Pflanzen bei starkem Frost. Ist der Boden gefroren, können die Wurzeln im Boden kein Wasser mehr transportieren. Scheint dann die Sonne auf die gefrorenen Blätter, wird die Verdunstung angeregt, aber der Flüssigkeitsverlust kann nicht ausgeglichen werden. Dann setzt die sogenannte Frosttrockenheit ein. Da kein Wasser durch die Wurzeln aufgenommen werden kann, vertrocknen die Blätter und Triebe der Pflanzen und sterben ab. Weht dazu noch ein scharfer Ostwind, wird dieser Effekt noch verstärkt.

Frostschäden verhindern

Um der Frosttrockenheit vorzubeugen, sollten Sie die Kronen der Pflanzen vor direkter Sonneneinstrahlung und Wind schützen. Gut dazu geeignet sind beispielsweise Vliese oder Schattiernetze. Folie ist nicht geeignet. Hier können sich die Blätter bei Sonneneinstrahlung stark erwärmen und da kein Luftaustausch unter der Folie stattfindet, werden Pilzerkrankungen gefördert. Bereits beim Pflanzen sollten Sie an den Winter denken. Wählen Sie für die immergrünen Gehölze einen Standort, der vor scharfen Ostwinden und vor direkter Mittagssonne geschützt liegt. Sind die Winter sehr niederschlagsarm, sollten Sie die Pflanzen bei frostfreiem Wetter gießen. So können sie wieder genügend Feuchtigkeit aufnehmen und ihren Wasservorrat auffüllen.

Gartenteich und Wasserleitungen schützen

Stehen Laubbäume in der Nähe Ihres Teiches, sollten Sie mit Beginn des Herbstes ein Netz über den Teich spannen. So fällt das Laub nicht ins Wasser. Nach dem Laubfall entfernen Sie das Netz mitsamt den Blättern. Das Laub können Sie kompostieren oder es in einem speziellen Sammelbehälter sammeln. Über die Wintermonate sollten Sie möglichst viele gesunde Pflanzen im Teich belassen, denn durch die Bewegung der Pflanzen bewegt sich auch das Wasser. Das verhindert das schnelle Einfrieren des Teiches. Abgestorbene Pflanzen müssen Sie aber entfernen. Seerosen können Sie abschneiden und aus dem Teich nehmen. In den Teich gefallenes Laub und zu üppige Wasserpflanzen sollen Sie unbedingt vor dem Winter aus dem Teich entfernen. Mit dieser Vorsorgemaßnahme wirken Sie Fäulnisprozessen entgegen.

Pumpen abschalten

Pumpen sollten Sie im Herbst vom Teich entfernen. Das gilt für alle außenstehenden Pumpen und Filter. Sind die Pumpen tiefer als 40 Zentimeter unter der Wasseroberfläche installiert, können Sie sie im Teich belassen, sollten sie aber abschalten. Alternativ können Sie natürlich auch alle Pumpen im Winter einlagern.

Gefrierschutz für Teichbewohner

Haben Sie keinen Fischbesatz in Ihrem Teich, ist ein Zufrieren nicht gravierend. Ansonsten müssen die Teichbewohner im Winter unbedingt geschützt werden. Zufrieren darf der Teich auf keinen Fall. Zumindest eine Stelle im Eis muss frei bleiben. Andernfalls bilden sich Faulgase, die das Gewässer vergiften können. Ist ein ausreichend großes Loch in der Eisoberfläche, können die nach oben steigenden Gase entweichen. Um den Teich vor dem Zufrieren zu bewahren, haben sich Styroporplatten und Styroporglocken bewährt. Auch mit Schilf- oder Bambusbüscheln können Sie Ihren Teich winterfest machen. Hat der Teich ein schilfbewachsenes Ufer, können Sie das Schilf vor dem Winter zurückschneiden, aber nur bis zur Wasseroberfläche. Da die Schilfstängel hohl sind, wird so der Gasaustausch ermöglicht.

Wasserleitungen ablassen und Regentonnen ausleeren

Bevor der erste Frost kommt, sollten Sie nicht nur Ihre Gartenpflanzen, sondern den gesamten Garten winterfest machen. Gehen Sie durch Ihren Garten und überprüfen Sie alle Wasserleitungen und Regentonnen. Denn aus kleinen Schäden im Winter können schnell große Reparaturen werden. Leeren Sie alle Regentonnen und Behälter, in denen Sie Wasser auffangen. Sobald die Temperaturen unter den Gefriergrad sinken, kann das Wasser zu Eis werden. Durch die Ausdehnung kann der Behälter Risse bekommen und ist damit unbrauchbar im nächsten Frühjahr. Auch Wasserleitungen außerhalb des Hauses brauchen Schutz im Winter. Sperren Sie den Zulauf und drehen Sie den Außenhahn nochmals richtig auf. So kann das Wasser, das sich noch in der Leitung befindet, abfließen. Danach drehen Sie den Wasserhahn wieder leicht zu. Haben Sie einen Springbrunnen im Garten, müssen Sie auch hier das Wasser ablassen. Vergessen Sie auch die Pumpe nicht. Können Sie die Pumpe abbauen, sollten Sie sie vorsichtshalber bis zum Frühling in einem trockenen Raum lagern. Überprüfen Sie zuletzt die Wasserschläuche auf Schäden. Ist alles in Ordnung, werden sie gereinigt und in einen trockenen Raum gelegt.

Gartenmöbel einlagern und pflegen

Im Herbst neigt sich die Gartensaison ihrem Ende entgegen. Jetzt ist es an der Zeit, die Gartenmöbel ins Haus zu bringen und sie für das kommende Frühjahr vorzubereiten. Bevor Sie Ihre Liegen, Stühle und Tische jedoch einlagern, sollten Sie sie zuvor gründlich reinigen. Holz- und Kunststoffmöbel können Sie mit Seifenlauge und einer Bürste säubern. Lassen Sie die Möbel danach gründlich trocknen. Zeigt das Holz einen Grauschleier, nehmen Sie eine Wurzelbürste zur Hand und entfernen Sie diesen. Danach tragen Sie ein pflegendes Öl auf. Damit Kunststoffmöbel lange schön bleiben, können Sie Autopolitur zur Auffrischung nutzen.

Sonnenschirme und Polster reinigen

Auch für die Polster und Sonnenschirme ist jetzt das Ende der Freiluftsaison gekommen. Da die letzten Monate im Freien ihre Spuren hinterlassen haben, brauchen auch diese Gartenartikel eine gründliche Reinigung. Meist reicht es schon aus, Sonnenschirm und Polsterauflagen abzubürsten. Bevor Sie Sonnenschirme und Polster ins Winterquartier räumen, müssen sie absolut trocken sein. Sind sie noch feucht, können sich Stock- oder Schimmelflecken bilden, die Sie nur schwer wieder wegbekommen.

Das richtige Winterquartier

Auch wenn Sie wenig Platz haben, Gartenmöbel werden im Winter am besten in einem trockenen Raum gelagert. Ist es gar nicht anders möglich und müssen sie im Freien überwintern, brauchen Sie unbedingt einen ausreichenden Schutz. Decken Sie die Gartenmöbel mit einer Plane ab und achten Sie darauf, dass der Luftaustausch nicht behindert wird. Schauen Sie regelmäßig nach, ob die Plane noch richtig sitzt und ob die Möbel nicht unansehnlich werden oder sich gar Rost zeigt. Besser ist es, die Gartenmöbel in einem kühlen Lagerkeller unterzubringen. Der Raum sollte trocken, belüftet, aber nicht warm sein. Der Heizungskeller ist für die Gartenmöbel nicht geeignet, denn bei zu viel Wärme können Holzmöbel Risse bekommen. Ein trockener Keller, ein Gartenhaus oder auch die Garage sind bessere Alternativen.

> **Tipp**
>
> Flecken von Vogeldreck in Polsterauflagen können Sie mit etwas Essigwasser entfernen. Für Fettflecken eignet sich Gallseife.

Gartengeräte einwintern

In der Gartensaison haben sie Ihnen gute Dienste geleistet: Ihre Gartengeräte. Im Winter werden Sie die meisten Geräte nicht mehr brauchen und können sie bis zum nächsten Frühjahr einwintern. Bevor Spaten und Harcke jedoch ins Winterquartier umziehen, sollten Sie sie gründlich reinigen und eventuell entrosten.

Spaten, Schaufel und Co.

Jedes Gartengerät muss zunächst vollständig von Schmutz und Erdresten befreit werden. Die Gartensaison hat ihre Spuren hinterlassen und die Geräte freuen sich über etwas Pflege. Bei hartnäckigen Rückständen können Ihnen eine Drahtbürste oder Schmirgelpapier gute Dienste leisten, leichte Rostspuren entfernen Sie mit Stahlwolle. Sind die Gartengeräte sauber, reiben Sie sie gründlich mit Öl und nach Bedarf mit einem rosthemmenden Mittel ein. Zeigen sich an den Holzstielen der Geräte raue Stellen, können Sie diese einfach mit etwas Schleifpapier bearbeiten. Anschließend nehmen Sie etwas Leinöl und reiben das angeraute Holz gut damit ein. So wird das Holz gepflegt

und gleichzeitig witterungsbeständiger. Im Laufe der Zeit reicht diese Behandlung allerdings nicht mehr aus. Bei stark beschädigten Holzstielen ist es sinnvoller, diese auszutauschen. So brauchen Sie nicht gleich ein neues Gerät zu kaufen. Sägen Sie den Stiel kurz über dem Schaft ab, spannen Sie das Gerät in einen Schraubstock und klopfen Sie den Rest des Stiels vorsichtig mit einem Hammer heraus. Bevor Sie den neuen Holzstiel einsetzen, behandeln Sie ihn mit Leinöl. Achten Sie darauf, die kegelförmige Seite des Werkzeugstiels richtig herum einzusetzen. Passt alles, können Sie den Stiel mit einer Schraube fixieren.

Alte Messer schleifen

Beim Überprüfen der Gartengeräte haben Sie vielleicht festgestellt, dass Ihre Gartenmesser stumpf sind. Damit Sie im nächsten Frühjahr gleich richtig durchstarten können, sollten Sie die Messer jetzt schärfen. Ein stumpfes Messer verletzt die Pflanzen und sollte nicht mehr verwendet werden. Wenn Sie nicht genau wissen, wie Sie Ihre Messer schärfen sollen, lassen Sie das am besten einen Fachmann erledigen.

Gartenscheren schleifen und ölen

Auch Gartenscheren sind nicht für die Ewigkeit gemacht. Mit der Zeit nutzt sich die Klinge ab und wird stumpf. Ab und zu nachschleifen hilft in dem Fall. Meist reicht es schon aus, wenn Sie ein Stück Schleifpapier nehmen und es mit der Gartenschere durchtrennen. So wird die Klinge wieder schärfer. Reicht das nicht aus, müssen Sie die Klinge durch eine neue ersetzen. Bauen Sie dabei auch gleich die Schere komplett auseinander und fetten Sie die einzelnen Teile ein. So ist die Schere im Frühjahr sofort wieder einsatzbereit.

Verwenden Sie eine Astschere, sollten Sie die beweglichen Teile von Zeit zu Zeit etwas ölen. Sie können dazu Sprüh- oder Kriechöl benutzen. Das Öl bietet zum einen Schutz vor Korrosion, zum anderen lassen sich die Gelenke wieder viel einfacher bewegen. Das erleichtert Ihnen die Gartenarbeit. Lassen Sie das Öl etwas einziehen und wischen Sie die Reste mit einem weichen Tuch ab. Danach können die Scheren in einem trockenen Raum überwintern.

Rasenmäher einlagern

Auch der Rasenmäher wird im Winter nicht mehr benötigt und kann eingelagert werden. Bevor er jedoch ins Winterquartier kommt, muss er komplett sauber sein. Grasreste und Schmutz werden entfernt, anschließend kommen Bürste und Wasser zum Einsatz. Benzinrasenmäher müssen vollständig entleert werden. Um den Kunststofftank restlos zu entleeren, lassen Sie anschließend den Motor einfach laufen, bis er stehen bleibt. Entfernen Sie die Zündkerzen, geben Sie einige Tropfen Motoröl in den Zylinder und schrauben Sie die Zündkerzen wieder ein. Denken Sie auch an den Ölwechsel und kontrollieren Sie die Messer. Schärfen Sie sie

gegebenenfalls nach. So vorbereitet, kann der Rasenmäher in Ruhe seinen Winterschlaf halten. Decken Sie ihn mit einer Plane ab und stellen Sie ihn in einen trockenen, frostfreien Raum.

Winterschutz für Igel aufstellen

Schon ab Mitte Oktober finden die stachligen Gesellen weniger Nahrung als gewohnt. Jetzt ist die Zeit, in der die älteren Igel mit dem Nestbau für den Winter beginnen und die jüngeren noch möglichst viel Gewicht zulegen wollen.

Winterquartiere für Igel

In Ihrem Garten können Sie einiges dafür tun, dass sich die Igel im Winter wohlfühlen. Schichten Sie einen Laubhaufen an einer geschützten Stelle auf und befestigen Sie diesen mit Natursteinen. Auch totes Holz und Reisig sind gut für den Nestbau geeignet. Haben Sie Gehölze im Garten, können Sie darunter eine dicke Laubschicht liegenlassen, denn hier fühlen sich die Igel wohl. Auch Erdmulden dienen ihnen als Schutzquartier im Winter. Falls Sie handwerklich begabt sind, können Sie den Igeln auch eine spezielle Winterbehausung bauen. Holz als Werkstoff eignet sich dazu besonders gut. Nageln Sie eine Kiste zusammen und lassen Sie einen kleinen Eingang für den Igel frei. Die Kiste polstern Sie dann mit Reisig und Laub. Achten Sie aber darauf, dass Sie trockenes Laub verwenden. Stellen Sie die Kiste an einen ruhigen, geschützten Platz, der nicht direkter Sonne ausgesetzt ist. Durch die Sonneneinstrahlung wird es dem Igel sonst in seinem Winterquartier zu warm und er könnte zu früh aus seinem Winterschlaf erwachen.

Der Igel im Winterschlaf

Sobald die Bodentemperaturen auf etwa Null Grad sinken, suchen die Igel ihr Winterquartier auf. Ab etwa Mitte November befinden sich die meisten Igel im Winterschlaf. In der Regel schlafen sie nun bis hinein in den März oder April. Das kommt auf die Temperaturen an. Wenn Sie dem Igel ein Winterquartier anbieten, bedenken Sie bitte, dass er dieses bis zum Frühjahr nicht mehr verlässt. Setzen Sie deshalb die selbstgebaute Kiste oder den Laubhaufen nicht mehr um, sondern warten Sie, bis der Igel aus seinem Winterschlaf erwacht ist. Vorsicht ist auch beim Beseitigen von Gehölzen und Sträuchern geboten. Auch hier suchen sich Igel gerne einen Unterschlupf. Damit Sie ihren Schlaf nicht stören, sollten Sie mit diesen Arbeiten bis zum Frühjahr warten.

Auch wenn Igel Winterschlaf halten, müssen sie in dieser Zeit ab und zu fressen. Sind die Temperaturen warm genug werden sie ihr Winterquartier vorzugsweise in der Dämmerung oder

nachts verlassen, um auf Futtersuche zu gehen. Das geschieht allerdings nicht täglich, sondern höchstens einmal pro Woche oder sogar nur einmal in zwei Wochen. Da Igel nachts mobil sind, müssen sie sich frei bewegen können. Haben Sie also ein Winterquartier für die Tiere in Ihrem Garten angelegt, müssen die Igel auch freien Zutritt zum Garten haben. Hohe Zäune und Mauern, die den Garten hermetisch abriegeln, sind für die Igel nicht zu überwinden.

Nahrungsangebote für Igel

Igel suchen sich ihr Futter im Gebüsch, auf Rasenflächen oder unter Obstbäumen. Im Herbst können Sie zusätzliche Futterstellen in Ihrem Garten einrichten. Achten Sie hier immer auf Hygiene. Igel freuen sich über spezielles Igeltrockenfutter, das Sie mit Katzendosenfutter vermischen können. Stellen Sie dazu immer sauberes Wasser bereit, denn Wasser ist für Igel und auch für die Vögel lebenswichtig. Wacht der Igel aus dem Winterschlaf auf, hat er stark an Gewicht verloren. Auch jetzt können Sie ihm noch weiter Futter anbieten. Es dauert rund zwei bis drei Wochen, bis sich der Igel wieder genügend Gewicht angefressen hat und wieder auf Wanderschaft geht.

Tipp

Wenn Sie einen kleinen, gesunden Igel auf der Straße finden, nehmen Sie ihn vorsichtig hoch und setzen Sie ihn in das nächste Gebüsch oder in einen Garten, der sich in der Nähe befindet. Da Igel einige Kilometer auf der Suche nach Nahrung zurücklegen können, sollten Sie ihn also nicht mitnehmen oder gar im Haus pflegen wollen.

Futterstellen für Vögel

In den Wintermonaten ruht der Garten. Doch die Tiere werden Ihren Garten auch im Winter zu schätzen wissen. Besonders Vögel freuen sich über Futterrationen und frisches Wasser.

Futterspender

Voraussetzung für die Winterfütterung von Vögeln ist, dass Sie die Futterstelle immer sauber halten. Auch das Wasser sollten Sie regelmäßig wechseln und für die notwendige Hygiene sorgen. In der Regel können Sie von November bis Ende Februar die Futterstellen auffüllen. Bei Schnee und Frost werden sich hier viele der gefiederten Gesellen einfinden. Besonders praktisch sind Futterspender, bei denen das Futter nach und nach abgegeben wird. Bei den herkömmlichen Vogelhäuschen können die Tiere im Futter herumlaufen und es mit Vogelkot verschmutzen. So können Krankheitserreger übertragen werden. Futterspender sind auch deshalb empfehlenswert, weil das Futter auch bei Regen und Schnee nicht durchnässt wird. Möchten Sie dennoch ein klassisches Vogelhäuschen verwenden, legen Sie immer nur wenig Futter aus und reinigen Sie das Haus regelmäßig mit heißem Wasser. Tragen Sie bei der Reinigung immer Handschuhe, damit eventuelle Krankheitserreger nicht übertragen werden.

Der beste Futterplatz

Sicherlich möchten Sie den Vögeln beim Fressen gerne aus dem Fenster zuschauen. Wählen Sie deshalb einen Platz für die Futterstelle, den Sie gut beobachten können. Gleichzeitig sollten Sie den Futterplatz aber so anlegen, dass sich keine Katzen anschleichen können. Stellen Sie das Futterhaus auch nicht in unmittelbarer Nähe zu Glasscheiben und Fenstern auf. Denn diese können für Vögel zur tödlichen Gefahr werden. Bekleben Sie die Scheiben von außen mit Aufklebern, sodass nichts spiegelt und die Vögel nicht versehentlich dagegenfliegen.

Dieses Futter ist geeignet

Als Basisfutter sind Sonnenblumenkerne empfehlenswert. Diese werden von fast allen Vogelarten gerne gefressen. Wenn Sie sich für Futtermischungen entscheiden, gibt es spezielle Sorten, die von den unterschiedlichen Arten bevorzugt werden. Zu den häufigsten Gästen an der Futterstelle werden Sperlinge, Meisen und Finken gehören. Meisen sind auch dankbar, wenn Sie ihnen Meisenknödel an die Äste von Gehölzen und Bäumen hängen. Diese bestehen aus einem Gemisch aus Fett und Samen. Für Weichfutterfresser wie Amseln, Zaunkönig oder Rotkehlchen können Sie Futterspender in der Nähe des Bodens einrichten. Diese Vogelarten fressen gerne Haferflocken, Obst und Rosinen. Hier müssen Sie die Futterstelle öfter reinigen, da besonders das Obst schnell verdirbt. Salzige Lebensmittel oder gar Brot sollten Sie den Vögeln nicht anbieten. Diese Nahrung können sie nicht vertragen.

Kübel- und Balkonpflanzen

Die meisten Kübelpflanzen auf Terrasse oder Balkon stammen aus den Tropen oder südlichen Gefilden. Dort herrscht ganzjährig ein mildes Klima. Die Temperaturschwankungen in unseren Breiten sind deshalb für die meisten Pflanzen nicht geeignet. Dementsprechend können wir uns zwar im Sommer an unseren Topfschönheiten draußen erfreuen, im Winter brauchen sie aber ein geeignetes Winterquartier.

Der richtige Winterstandort für Kübelpflanzen

Wärmebedürftige Gewächse wie die Bougainvillea oder die Schönmalve müssen unbedingt noch vor dem ersten Frost ins Haus gebracht werden, was durchaus schon Anfang Oktober sein kann. Die Zeit bis zum Frühjahr überstehen sie dann in einem mäßig geheizten Raum oder im temperierten Wintergarten. Auch ein heller Hausflur kann als Winterquartier für Kübelpflanzen dienen. Zudem sind sie dann auch eine schöne Dekoration im Haus. Zu warm sollten die Pflanzen auf keinen Fall stehen, denn dann besteht die Gefahr von Schädlingsbefall.

Lieber hell und warm oder trocken und kalt?

Manche Kübelpflanzen wie der Granatapfel oder die Schmucklilie benötigen einen kühlen, dunklen Raum mit Temperaturen um die fünf Grad Celsius. Zitronenbäume und Strauchmargerite hingegen lieben es im Winter hell und nicht wärmer als 10 bis 12 Grad Celsius. Doch nicht alle Gewächse, die im Sommer unsere Terrasse verschönern, müssen den Winter im Haus verbringen. Winterharte Kübelpflanzen dürfen auch die Wintermonate im Freien stehen. Wichtig ist hier allerdings, dass Sie nicht zu kalt von unten werden. Steht der Kübel direkt auf dem Boden, bekommen die Pflanzen schnell „kalte Füße" und der Wurzelbereich kühlt aus. Das können Sie verhindern, indem Sie unter die Pflanzgefäße einen Schutz stellen. Je nach Größe und Gewicht des Kübels können Sie Styroporplatten, Holzklötze oder Terrakottascheiben unterlegen.

Trockenheit und Frost sind im Winter gefährlich

Auch ein „warmer Mantel" hüllt die Kübelpflanzen ein und schützt sie vor starkem Frost. Packen Sie das gesamte Gefäß in Jutesäcke oder benutzen Sie Schilfmatten und Gärtnervlies als Winterschutz. Immergrüne Pflanzen wie Rhododendron, Buchs oder Zwergkiefern gehören zu den frostfesten Gartengewächsen, die den Winter draußen gut überstehen. Doch durch ihr Laub verdunsten sie auch im Winter Wasser, besonders an milden Tagen, an denen die Sonne scheint. Wenn dann der Topf nicht warm

Tipp

Im Laufe der Jahre sind aus Ihren Kübelpflanzen sicherlich prächtige Exemplare geworden. So schön, wie das im Sommer aussieht, so schwierig ist es dann im Winter, wenn die Pflanzen in ihr Winterquartier umziehen sollen. Gute Dienste leisten Ihnen hier Hilfsmittel wie Sackkarren, mit denen Sie schwere Kübelpflanzen leichter an einen anderen Platz bringen können. Auch Rollenuntersetzer sind gut geeignet, um die Gewächse umzustellen. Müssen Sie Treppen überwinden – beispielsweise von der Terrasse zum Keller – können Sie spezielle Kübeltragegurte nutzen, die Ihnen den Transport von großen Kübelpflanzen erleichtern.

eingepackt wurde und das Substrat gefroren ist, kann durch die Wurzeln kein Wasser mehr aufgenommen werden. Die Blätter welken und verdorren. Trockenheit kann also auch im Winter – ebenso wie der Frost – ein Problem sein. Damit die Kübelpflanzen auch in den Wintermonaten genügend Feuchtigkeit aufnehmen können, brauchen sie einen schattigen Platz, der nicht der direkten Sonneneinstrahlung ausgesetzt ist. Umhüllen Sie die Pflanzen dann mit einem Vlies oder schützen Sie sie durch Bastmatten. Bringen Sie die Umhüllung so an, dass das Wasser gut ablaufen kann, wenn Sie an frostfreien Tagen gießen.

Überwinterungsorte für Kübelpflanzen

Eines der Probleme bei der Kultur von Kübelpflanzen ist der Standort im Winter. Deshalb sollten Sie bereits schon beim Kauf von Kübelpflanzen an die Überwinterung denken. Wählen Sie nur solche Gewächse aus, denen Sie auch einen geeigneten Überwinterungsort anbieten können. Je kürzer die Überwinterungszeit, desto weniger wird die Pflanze geschwächt. Deshalb sollten alle Kübelpflanzen so spät wie möglich ins Haus geräumt werden und so früh wie möglich wieder ins Freie kommen. Als ideale Überwinterungsplätze gelten Gewächshäuser und Wintergärten.

Winterpause in ungeheizten Wohnräumen

Steht Ihnen ein großes Haus zur Verfügung und haben Sie hier freistehende Zimmer, die Sie nicht heizen, ist das ein idealer Platz für Ihre Kübelpflanzen im Winter. Wichtig ist nur, dass der Raum über ausreichend große Fenster verfügt, damit die Pflanzen genügend Licht bekommen. Besonders geeignet ist dieser Standort für immergrüne Arten, da diese auch im Winter Licht benötigen. Stehen sie zu dunkel, werden die Blätter nach wenigen Wochen vergilben und schließlich abfallen. Laubabwerfende Gewächse sollten Sie möglichst spät ins Haus räumen, d.h. nach dem Blattfall.

Winterruhe in geheizten Wohnräumen

Warme Räume, die auch im Winter ständig geheizt werden, bieten kaum ideale Bedingungen für Ihre Kübelpflanzen. Haben Sie keinen anderen Raum zur Verfügung, können Sie einige Arten bedingt auf diese Weise überwintern. Dazu gehören Yucca, Hibiskus, Sukkulenten und Strelitzia. Da diese Pflanzen die Wärme lieben, sollten Sie mit dem Einräumen nicht zu lange warten. Bringen Sie sie bereits Anfang Herbst in ihr Winterquartier, damit der Temperaturübergang nicht zu krass ist.

Überwintern im Treppenhaus

Helle und kühle Treppenhäuser bieten ebenfalls geeignete Bedingungen zum Überwintern Ihrer Kübelpflanzen. Hier fühlen sich immergrüne Arten wohl sowie Pflanzen, die bis weit in den Winter hinein blühen. Auch tropische Gewächse wie Bromelien oder Glückskastanien finden hier ein angenehmes Winterquartier. Achten Sie aber unbedingt darauf, dass die Temperaturen im Treppenhaus nicht zu weit absinken und dass die Pflanzen ausreichend Licht bekommen.

Winterstandort in der Garage

Haben Sie eine große Garage zur Verfügung, können Sie Ihre Kübelpflanzen im Winter dort einquartieren. Der Raum muss allerdings kühl und hell sein. Temperaturen über acht bis zehn Grad Celsius sind nicht empfehlenswert. Geeignet ist dieser Standort für laubabwerfende Arten wie die Echte Feige, den Granatapfel oder die exotische Canna. Da die Pflanzen bei dieser Art der Überwinterung meist mit wenig Licht auskommen müssen, sollten Sie, sobald sie zu treiben beginnen, unbedingt an einen hellen Standort versetzt werden. Kellerräume, die ähnlich wie ein Garagenraum beschaffen sind, eignen sich ebenfalls als Winterquartier.

Wann muss eingeräumt werden?

Spätestens dann, wenn sich die ersten Nachtfröste ankündigen, müssen die meisten Kübelpflanzen an einen geschützten Platz oder ins Winterquartier gebracht werden. Doch neben dieser allgemeinen Empfehlung sollte immer die individuelle Kältetoleranz der Pflanzen betrachtet werden. Nicht jede Kübelpflanze muss sofort bei den ersten Frostgraden – die durchaus auch schon Ende September/Anfang Oktober auftreten können – ins Haus gestellt werden. Denn je kürzer der Aufenthalt im Winterquartier ist, desto besser ist das für die Pflanze. Deshalb sollten Sie weder zu früh einräumen noch zu spät ausräumen. Doch wie erkennen Sie den richtigen Zeitpunkt? Am besten richten Sie sich nach den einzelnen Pflanzenarten, die bei Ihnen wachsen. Auch Ihr Wohnort spielt dabei eine Rolle. Wohnen Sie in einer geschützten, wärmeren Lage wie beispielsweise in Rheinhessen, können die Pflanzen in der Regel länger draußen verweilen als beispielsweise in einer Region wie dem Harz oder dem Schwarzwald. Im nächsten Kapitel erfahren Sie mehr über die einzelnen Kübelpflanzen und ihre Frosttoleranz. So haben Sie einen ersten An-

Tipp

Überwintert die Kübelpflanze in einem kalten Raum, kann sie länger draußen im Freien stehen. Das liegt daran, dass der Wechsel von der Außen- zur Innentemperatur nicht allzu krass sein sollte. Denn das wäre eine Belastung für die Pflanzen, auf die sie nicht immer positiv reagieren. Einige werfen ihre Blätter und Blüten ab, andere sind anfälliger für Krankheiten und Schädlinge.

haltspunkt, wann der richtige Zeitpunkt für den Umzug ins Winterquartier gekommen ist. Die zweite Überlegung ist nach der Region, in der Sie wohnen, der Platz, an dem die Pflanzen stehen. An einer Hauswand stehen sie geschützter als frei auf der Terrasse. Drittens beziehen Sie noch die künftigen Temperaturen im Winterquartier mit ein. Denn je höher die Temperatur im Überwinterungsquartier ist, desto früher muss die Pflanze eingeräumt werden.

Wann muss ausgeräumt werden?

Wie beim Einräumen der Pflanzen kommt es auch hier auf die individuelle Kälteresistenz der Pflanzen sowie die örtlichen Klimaverhältnisse an. Auch die Art der Überwinterung spielt eine Rolle. Standen die Kübelpflanzen recht dunkel im Winter, sollten sie möglichst früh ausgeräumt werden. Hier kann es allerdings passieren, dass Sie bei einem erneuten Frosteinbruch die Pflanzen nochmals ins Haus holen müssen. Sind die Wetterverhältnisse entsprechend, können Sie Ihre Kübelpflanzen bereits Ende März/Anfang April ins Freie stellen. Voraussetzung dafür ist natürlich, dass kein starker Frost oder gar Dauerfrost zu erwarten ist. Das frühe Ausräumen aus dem Winterquartier empfiehlt sich insbesondere auch deshalb, weil warme Temperaturen im Überwinterungslager Schädlingsbefall begünstigen und diese Schädlinge bei kühlen Temperaturen draußen abgetötet werden. Zu den Kübelpflanzen, die Sie bei guten Wetterbedingungen und klimatisch günstigen Bedingungen wie beispielsweise am Bodensee oder der oberrheinischen Tiefebene bereits Ende März/Anfang April ins Freie schaffen können, zählen: Dattelpalme, Echte Feige, Liguster, Lorbeer, Yucca, Zwergpalme und Zypresse. Stellen Sie die Kübelpflanzen anfangs nicht direkt in die Sonne, sondern an einen

geschützten Platz. So können Sie sich an die Temperaturveränderungen langsam gewöhnen. Grundsätzlich gilt: Starke Temperaturunterschiede zwischen Winter- und Sommerquartier sind zu vermeiden.

Welche Pflanzen vertragen Frost?

Nicht alle Kübelpflanzen müssen den Winter im Haus verbringen. Manche Arten brauchen ein Winterquartier, frostfeste Pflanzen dürfen die Wintermonate im Freien bleiben. Zu den frostfesten Pflanzen gehören unter anderem Laubgehölze und Kleinkoniferen, Rhododendren, Buchsbaum, aber auch Stauden und Ziergräser in Kübeln. Doch ganz ohne Winterschutz halten es auch die frostfesten Gewächse draußen nicht aus. Da die Erde hier schnell festfrieren kann und die Wasserversorgung dann nicht mehr gewährleistet ist, brauchen die Pflanzen eine schützende Umhüllung. Gut geeignet sind Jutesäcke oder Gärtnervlies, auch Bastmatten und Reisig schirmen die Kälte etwas ab.

Pflanzen, die keinen Frost vertragen

Wärmeliebende Pflanzen wie Geranien, Fuchsien, Schönmalve, Bougainvillea und Zitrus-Gewächse müssen noch vor dem ersten Frost ins Haus. Bereits bei Temperaturen unter zehn Grad Celsius fühlen sie sich draußen nicht mehr wohl. Auch der Roseneibisch und die Gardenie müssen jetzt umziehen.

Pflanzen, die kurzzeitig Frost vertragen

Feige und Granatapfel vertragen kurzzeitig auch Temperaturen von bis zu fünf Grad Minus. Auch der Lorbeer kann bei diesen Temperaturen noch draußen bleiben. Wird es kälter, möchte er in ein nicht zu helles Winterquartier umziehen. Der Oleander kann gleichfalls draußen stehen bleiben. Sinken die Temperaturen unter fünf Grad Minus, sollte er ins Haus geholt werden und hell überwintern. Er muss selten gegossen werden. Die Olive kann ebenso kurzzeitig Frost vertragen. Wird es kälter, wünscht sie sich einen Winterstandort, der sehr viel Licht hereinlässt. Die Zwergpalme ist etwas frostempfindlicher. Sinken die Temperaturen unter null Grad Celsius, ist das für kurze Zeit kein Problem. Wird es hingegen kälter, muss sie ins Haus. Auch sie möchte im Winter selten gegossen werden.

Pflanzen, die draußen überwintern

Gräser, wie beispielsweise Chinaschilf, dürfen den Winter im Freien bleiben. Sie mögen es nicht zu feucht und brauchen unter dem Kübel eine Unterlage. So bekommen sie keine „kalten Füße". Immergrüne Arten wie Buchs und Rhododendron überwintern draußen. Die Töpfe sollten eingepackt werden, um die Wurzeln zu schützen. Stellen Sie die Pflanzen an einen geschützten Ort, wo sie keine pralle Sonne abbekommen und gießen Sie sie gelegentlich. Koniferen gehören ebenfalls zu den Pflanzen, die den Winter draußen verbringen. Als Winterstandort empfiehlt sich hier ein schattiger Platz, wobei das Gefäß/der Topf warm eingepackt werden sollte. Auch Koniferen brauchen gelegentlich Wasser. Laubabwerfende Sträucher können ihr Winterquartier auf der Terrasse beziehen. Auch hier sollten die Töpfe mit Vlies oder Ähnlichem geschützt werden. Bei Stauden, die draußen überwintern, wie Mädchenauge oder Rittersporn, sollten Sie es vermeiden, dass diese zu nass werden. Am besten stellen Sie sie an einen geschützten Standort, wie etwa unter einen Dachüberstand.

Schutzmaßnahmen für die ersten leichten Fröste draußen

Viele Topf- und Kübelpflanzen tolerieren leichte Fröste und bereiten sich so auf die Winterruhe vor. Damit Sie die Pflanzen nicht zu früh ins Haus räumen müssen, können Sie erste Schutzmaßnahmen ergreifen. So überstehen Ihre Kübelpflanzen auch niedrige Temperaturen. Lassen Sie Ihre Pflanzen nicht einzeln stehen,

und Rosmarin können ausgepflanzt werden und brauchen im Winter einen Schutz. Im asiatischen Raum zu Hause sind verschiedene Bambus-Arten, Kamelie oder Hanfpalme. Auch diese brauchen einen guten Winterschutz. Bringen Sie eine Mulchschicht auf dem Boden auf und beschweren Sie diese mit Reisig. Das schützt die Wurzeln. Umwickeln Sie dann die Gewächse mit Bambusmatten oder speziellen Frostschutzvliesen, damit sie insgesamt geschützter sind. Beachten Sie jedoch, dass Sie die Pflanzen nicht zu sehr einpacken. Die Luft muss immer gut zirkulieren und das Wasser abfließen können. Würden Sie die Pflanzen zu eng mit Folie umwickeln, steigen die Temperaturen unter der Folie und können die Pflanzen schädigen.

sondern rücken Sie sie in Gruppen zusammen. Packen Sie die Töpfe und Kübel warm ein, damit die Erde nicht durchfrieren kann. Legen Sie Holz oder Styropor unter die Töpfe oder kaufen Sie spezielle Füße aus Terrakotta. Diese können Sie dann im nächsten Winter wiederverwenden. Zum Einpacken der Pflanzen eignen sich Frostschutzvliese und luftdurchlässige Matten. Benutzen Sie nie Plastikfolien, da der Luftaustausch unter der Folie behindert wird. Auch mit Stroh und Laub können Sie Ihre Pflanzen vor den ersten leichten Frösten schützen. An frostfreien Tagen sollten Sie zudem immer wieder etwas Wasser geben.

Wenn Sie einige nicht ganz winterharte Kübelpflanzen bereits im Freien ausgepflanzt haben, müssen Sie auch hier Frostschutzmaßnahmen treffen. Da die Arten meist im Mittelmeergebiet heimisch sind, sind sie die kalten Temperaturen nicht gewohnt. Dazu gehören der Feigenbaum, Maulbeerbaum, Granatapfel und die Mittelmeerzypresse. Auch Oliven, Oleander

Schutz vor Schädlingen im Winterquartier

Bevor die Pflanzen ins Winterquartier einziehen, sollten sie auf Krankheiten und Schädlinge untersucht werden. Werden vorhandene Schädlinge mit ins Winterquartier eingeschleppt, können diese sich ausbreiten. Achten Sie besonders auf die Blattunterseiten und kontrollieren Sie die Triebe. Genau an diesen Stellen sitzen die Schmarotzer oft. Nur gesunde Kübelpflanzen sollten also am Winterstandort überwintern. Kontrollieren Sie alle Pflanzen regelmäßig auf Schädlingsbefall und bekämpfen Sie diesen, sobald Sie Schädlinge bemerken. Richten Sie für die betroffenen Pflanzen immer einen separaten Raum ein, damit sich die Schädlinge nicht auf den bisher gesunden Pflanzen ausbreiten können.

Überwintern die Pflanzen in sehr warmen Räumen, in denen eine geringe Luftfeuchtigkeit herrscht, können Spinnmilben und die Weiße Fliege auftreten. Auch Blattläuse und Schildläuse sind dann öfter zu beobachten. Herrscht

eine hohe Luftfeuchtigkeit, kann es zu Rußtau und Grauschimmel kommen. Entfernen Sie in diesem Fall sofort die betroffenen Pflanzenteile. Damit die Luftfeuchtigkeit im Raum nicht zu hoch wird, hilft regelmäßiges Lüften.

Schildläuse

Da Schildläuse nur rund drei Millimeter groß sind, können sie leicht übersehen werden. Zudem verstecken sie sich oft an den Unterseiten der Blätter und den Trieben.
Bemerken Sie auf Blättern und Trieben klebrige, glänzende Ablagerungen, kann es sich um einen Schildlausbefall handeln. Die Blattläuse scheiden einen zuckerhaltigen Saft aus, der dann die Pflanzen beschädigt. Häufiger betroffen sind vor allem immergrüne Kübelpflanzen wie Oliven, Oleander und Zitrusgewächse. Auch Palmen werden oft von Schildläusen befallen. Wenn Sie die Schädlinge an Ihren Kübelpflanzen bemerken, nehmen Sie ein Messer zur Hand und streifen Sie mit der stumpfen

Seite des Messers die Schildläuse vorsichtig ab. Vorher decken Sie den Topf mit Folie oder Ähnlichem ab, damit die Schildläuse nicht auf die Blumenerde fallen. Um Schildläuse restlos zu bekämpfen, sind Rapsöl-Präparate empfehlenswert. Durch den feinen Ölfilm, der sich auf der Pflanze ablagert, können die verbliebenen Schildläuse nicht mehr atmen und ersticken. Kontrollieren Sie regelmäßig, ob sich neue Schildläuse zeigen und bekämpfen Sie diese sofort bei einem erneuten Befall.

Weiße Fliege

Auch die Weiße Fliege gehört zu den Blattlaus-Arten, die die Pflanzen im Winterquartier schädigen können. Sie ist rund drei Millimeter groß. Zu den betroffenen Pflanzen gehören häufig Fuchsien oder Schönmalven. Die Schädlinge befallen die gesamte Pflanze, besonders gerne setzen sie sich auf die Blattunterseiten. Hier saugen sowohl die erwachsenen Tiere als auch die Larven. Dadurch entstehen auf den Blättern gelbe Flecken, später vertrocknen die Blätter und die Triebspitzen. Ersichtlich ist der Befall auch durch schwarze Beläge, die durch das Ausscheiden der zuckerhaltigen Substanz entstehen.
Um die Weiße Fliege schnell zu erkennen, haben sich Gelbtafeln bewährt. Der spezielle gelbe Farbton der mit einer Leimlösung bestrichenen Farbtafel zieht die Schädlinge an, wobei sie auf der Tafel kleben bleiben. So können Sie erkennen, ob sich die Weiße Fliege im Winterquartier eingenistet hat und haben einen Überblick über die Anzahl der Schädlinge. Bei einem Befall müssen Sie sofort handeln. Es gibt Rapsöl- oder Neempräparate, mit denen Sie die betroffenen Pflanzen behandeln können. Da die Weiße Fliege keinen Frost verträgt, können Sie Pflanzen, denen leichte Minustemperaturen nichts ausausmachen, bei leichtem Frost auch nach Draußen stellen.

Schmier- oder Wollläuse

Wollläuse setzen sich bevorzugt auf Blätter und Triebe von Zitrus-Gewächsen, Ficus-Arten und Palmen. Wenn Sie kleine weiße Watteflocken auf Ihren Pflanzen beobachten, kann es sich um Schmierläuse handeln. Da sie sich gerne in den Blattachseln verstecken, sind sie oft schwer zu erkennen. Meist wird der Befall erst dann bemerkt, wenn sich der klebrige Honigtau bildet. Hier siedeln sich dann die schwarzen Rußtaupilze an, die Sie als schwarze Schicht auf den Blättern bemerken. Die Woll- oder Schmierläuse gehören zur Gruppe der Schildläuse und können durch ölhaltige Produkte bekämpft werden. Im Handel sind sie als Spray, Stäbchen, Sticks oder Granulat erhältlich.

Gießen im Winterquartier

Nachdem die Pflanzen ins Winterquartier eingeräumt sind, brauchen Sie sie nur ab und an zu kontrollieren. Regulieren Sie gegebenenfalls die Temperaturen im Winterquartier und halten Sie sich dabei an die Formel: hell und kühl. Die Temperaturen sollten möglichst gleich bleiben, eine Überwärmung des Raumes sollte vermieden werden. Das erreichen Sie durch regelmäßiges Lüften. So bleiben die Temperaturen auf einem angenehmen Niveau für die Pflanzen, zudem wird die Luftfeuchtigkeit gesenkt.

Während der Vegetationsruhe brauchen Sie nur eingeschränkt zu gießen. Die Pflanzen brauchen nur so viel Wasser, dass der Wurzelballen nicht austrocknet. Ist es am Überwinterungsort warm und hell, brauchen die Pflanzen etwas mehr Wasser. Grundsätzlich sollten Sie, wenn Sie sich nicht sicher ist, lieber zu wenig als zu viel gießen. Das gilt insbesondere für die Pflanzen, die im Winter ihr Laub verlieren. Staunässe sollte bei allen Pflanzen unbedingt vermieden werden.

Tipp

Je nachdem, ob Sie genügend Platz im Haus haben, sollten Sie sich entweder für einjährige oder mehrjährige Balkonblumen entscheiden. Die einjährigen setzen Sie in Balkonkästen oder Schalen und können sich bis zum Spätherbst daran erfreuen. Mehrjährige Pflanzen können Sie überwintern oder Sie vermehren sie durch Stecklinge selbst.

Balkonblumen überwintern ja oder nein?

Die Blütenpracht in den Balkonkästen neigt sich im Herbst dem Ende entgegen. Haben Sie besondere Lieblingsblumen, können Sie sich auch im nächsten Jahr wieder daran erfreuen. Einige Balkonblumen können im Haus überwintern, von anderen können Sie Stecklinge ziehen.
Ein Teil der Balkonpflanzen ist nur für eine Saison bestimmt. Nachdem die Einjährigen uns mit ihrer üppigen Farbenpracht die Sommermonate verschönt haben, werden sie nach der Blütezeit entsorgt. Auf dem Kompost verwandeln sie sich in Nährstoffdünger für die anderen Pflanzen.

Pelargonien oder Fuchsien können gut überwintern. Dazu brauchen Sie einen kühlen, hellen Raum, in dem Sie die Pflanzen lagern können. Schneiden Sie die mehrjährigen Balkonpflanzen stark zurück und bringen Sie sie dann in ihr Winterquartier. Während des Winters gießen Sie sparsam. Ab Mitte Februar stellen Sie die Balkonkästen in einen hellen, wärmeren Raum, damit die Pflanzen wieder austreiben können. Winterharte Balkonpflanzen überstehen den Winter an einem geschütz-

ten Ort auf Balkon oder Terrasse. Nehmen Sie die Balkonkästen vom Geländer ab und stellen Sie die Kästen an einen geschützten Platz an der Hauswand. Bei sehr kalten Temperaturen sollten Sie die Pflanzen durch eine Abdeckung wie Vlies oder Tannenzweige schützen. Vergessen Sie an frostfreien Tagen nicht das Gießen. Wenn Sie Balkonblumen überwintern möchten, gilt allgemein: Je dunkler Ihre Pflanzen im Winterquartier stehen, desto geringer ist der Wasserbedarf. Gießen Sie nur so viel, dass die Pflanzen nicht austrocknen. Gießen Sie zu viel, kann der Wurzelballen schnell zu faulen beginnen. Staunässe ist also unbedingt zu vermeiden. Düngen brauchen Sie im Winter nicht. Außerhalb der Vegetationszeit ist keine Düngergabe notwendig. Empfehlenswert ist es, bereits Ende August die Pflanzen das letzte Mal zu düngen, denn so können die Triebe ausreifen, bevor die Balkonblumen ihre Freiluftsaison beenden.

Nach der Winterruhe im Haus brauchen die Pflanzen im Frühjahr eine gewisse Zeit, um sich wieder an die wärmeren Temperaturen zu gewöhnen. Beginnen Sie den Start in die neue Wachstumsperiode allmählich und bieten Sie Ihren Balkonblumen ideale Bedingungen. In der Regel ist es sinnvoll, die Balkonblumen hell und kühl zu überwintern und sie dann ab Mitte Februar an wärmere Temperaturen zu gewöhnen. Ist es draußen frostfrei, können Sie die Kästen am Tag ins Freie stellen und die Pflanzen am Abend wieder ins Haus holen. So können sich Ihre Blumen auf die neuen Balkonbedingungen einstellen.

Tipp

Endgültig ins Freie dürfen die Blumen erst nach den Eisheiligen – also Mitte Mai –, denn bis dahin ist häufig noch mit Nachtfrösten zu rechnen. Stellen Sie die Kästen nicht gleich in die pralle Sonne, damit sie sich langsam an die Temperaturumstellungen anpassen können.

Welche Sorten eignen sich zum Überwintern?

Von den schönsten Balkon- und Kübelpflanzen sind viele zum Überwintern geeignet. Je nach Pflanzenart können sie an einem geschützten Platz und mit dem entsprechenden Frostschutz draußen überwintern. Andere verbringen die Wintermonate im Haus. Von manchen mehrjährigen Pflanzen wie den Geranien können Sie Stecklinge ziehen, um sie selbst zu vermehren.

Knollenbegonien

Knollenbegonien sorgen durch ihre Farbschattierungen für Farbe auf dem Balkon. Ihre Leuchtkraft kommt besonders an halbschattigen Plätzen intensiv zur Geltung. Die Knollen können immer wieder verwendet werden. Ist das Laub im Herbst verwelkt, nehmen Sie die Knollen und lassen sie etwas abtrocknen. Die Triebe kürzen Sie radikal. So vorbereitet können die Knollen in einem Kasten mit einem trockenen Torfgemisch bei etwa 10 Grad Celsius überwintern. Ab Februar ist dann die Zeit gekommen, in der die Knollen angetrieben werden. Das geschieht bei Temperaturen um die 18 Grad Celsius. Legen Sie die Knollen dicht aneinander in eine Schale und bedecken Sie sie mit Erde. Die Erdschicht sollte ganz dünn aufgebracht werden. Stellen Sie dann die Gefäße in einen hellen Raum. Wenn der Austrieb etwa fingerlang ist, topfen Sie die Knollen in einzelne Töpfe von rund zehn Zentimeter Durchmesser. Gewöhnen Sie die Pflanzen dann langsam an die Außentemperaturen, bis Sie sie wieder ins Freie pflanzen.

Fuchsien

Fuchsien sind hübsche Balkonblumen, die Sie durch Stecklinge vermehren können. Damit das auch sicher gelingt, nehmen Sie am besten mehrere Kopfstecklinge von der Mutterpflanze. Benutzen Sie ein sauberes, scharfes Messer und trennen Sie den Trieb unterhalb einer Blattachsel ab. Sind bereits Knospen oder Blütenansätze an dem Trieb vorhanden, entfernen Sie diese. Auch die untersten beiden Blattachseln sollten Sie entfernen. Jetzt können Sie den Steckling in die Aussaaterde stecken. Rund um den Stiel drücken Sie die Erde leicht an und spannen über den Topf eine durchsichtige Folie. So bildet sich ein ähnliches Klima wie im Gewächshaus. Damit sich nicht zu viel Feuchtigkeit unter der Folie bildet, ist es gut, ab und zu die Folie zu lüften. Bis sich die ersten kleinen Wurzeln bilden, dauert es rund vier bis sechs Wochen. Nun können Sie den kleinen Steckling in Blumenerde umtopfen. Auf diese Art können Sie noch weitere Balkonpflanzen vermehren, unter anderem Geranien, das attraktive Blühröschen, das im Lauf der Blüte seine Farbe ändert, oder auch das Fleißige Lieschen.

Winterbepflanzung für den Balkon

Auch im Winter müssen Sie auf dekorativen Blumenschmuck auf dem Balkon nicht verzichten. Wunderschön wirken jetzt in der tristen Jahreszeit Pflanzen mit bunten Blüten und Blättern, denen der Frost nichts anhaben kann. Wählen Sie den Pflanzkübel nicht zu klein, damit die Erde nicht durchfrieren kann. Alternativ können Sie den Topf oder Kasten auch mit Jute oder Noppenfolie umwickeln. Bringen Sie dann noch Bastmatten an und schmücken Sie sie mit Tannenzweigen und bunten Bändern. So wirken die Töpfe bereits ohne Bepflanzung sehr dekorativ. Regenwasser muss immer gut abfließen können, sonst besteht die Gefahr von Staunässe.

Besonders effektvoll wirken Pflanzen mit Beerenschmuck. Dazu gehört die Skimmi japonica. Arrangieren Sie immer männliche und weibliche Pflanzen zusammen, damit sich der Beerenschmuck auch ausbilden kann. Da die Vögel die Beeren verschmähen, zieren die dicken, roten Früchte Ihre Balkonkästen oft von Oktober bis hinein ins Frühjahr. Für die Bepflanzung von Kübeln eignet sich der Feuerdorn. Er schmückt sich mit kugeligen orangen, gelben oder roten Beeren, die weithin leuchten. Auch schlichte immergrüne Gewächse wie der Buchsbaum sorgen für eine weihnachtliche Atmosphäre auf dem Balkon. Verzieren Sie immergrüne Arten mit roten Schleifen und Strohsternen für eine festliche Balkondekoration.

Der Nutzgarten

Der Herbst ist die Zeit der Ernte. Viele Gemüse- und Obstsorten bereichern jetzt den Nutzgarten und die Küche vieler Gärtner. Vor dem ersten Frost sollten die meisten Sorten geerntet werden – bis auf einige Wintergemüse, die erst durch die zunehmende Kälte ihr volles Aroma entfalten. Wo geerntet wird, muss auch gesät oder gepflanzt werden. Jetzt ist es so weit, den Garten für die kommende Saison vorzubereiten.

Der winterfeste Nutzgarten

Welche Gemüsesorten müssen vor dem ersten Frost geerntet werden? Wann schneidet man einen Obstbaum aus? Wie lagert man das Obst nach der Ernte am besten ein? Was ist im Kräutergarten zu tun? Fragen über Fragen, die sich im Herbst stellen.

Gemüse

Gemüse wächst und gedeiht, solange es noch warm genug ist. Möchten Sie das Gemüse lagern, sollten Sie es bei trockenem Wetter ernten. Tomaten, Gurken, Paprika und Zucchini gehören zu den kälteempfindlichen Sorten. Sie müssen vor dem ersten Frost geerntet werden. Sind die Tomaten noch grün, können Sie sie trotzdem pflücken, denn sie reifen dann noch nach.

So reifen Tomaten nach

Bis Ende Oktober stehen in vielen Gärten noch Tomatenpflanzen im Kübel auf Terrasse oder Balkon. Draußen wird das Gemüse jetzt nicht mehr reif, dazu ist es schon zu kalt. Doch wegwerfen müssen Sie die Früchte deshalb nicht.

Tipp

Naht der Spätherbst und haben Sie noch sehr viele grüne Tomaten an einem Strauch, brauchen Sie diese nicht unbedingt einzeln abzupflücken. Schneiden Sie die Tomatenpflanze einfach unten ab, entfernen Sie alle Blätter und hängen Sie die Pflanze kopfüber in einen warmen, trockenen Raum. Nach ein paar Tagen färben sich die Tomaten rot.

Pflücken Sie die unreifen Tomaten ab und legen Sie sie zum Nachreifen an einen warmen Ort im Haus. Ideal sind 18 bis 20 Grad Celsius. Wickeln Sie sie in Zeitungspapier oder benutzen Sie eine Papiertüte. Licht brauchen die Tomaten zum Nachreifen nicht. Sie können sie also ruhig in einen dunklen Raum legen. Nach wenigen Tagen haben sich die Tomaten rot verfärbt. Dauert Ihnen der Reifeprozess zu lange, können Sie ihn beschleunigen. Legen Sie einen reifen Apfel dazu, so werden sie schneller rot.

Kürbisse ernten

Kürbisse müssen vor dem ersten Frost geerntet werden. Doch wann ist ein Kürbis richtig reif? Kürbisse sollten erst dann geerntet werden, wenn sie vollständig reif sind. Nur so können sie das volle Aroma entwickeln und werden lagerfähig. Erkennen können Sie die Reife an der typischen Farbe des Kürbisses. Klopfen Sie auf die Schale, muss er etwas hohl klingen. Die Schale sollte sich fest anfühlen. Schauen Sie auch nach dem Stiel. Er muss trocken und hart sein. Ernten Sie die Kürbisse immer mit dem Stielansatz, ansonsten kann die Stelle leicht faulen. Möchten Sie die Kürbisse lagern, wählen Sie einen kühlen Raum und legen Sie die Kürbisse auf Wellpappe. So bekommen Sie keine Druckstellen und halten bis weit in den Winter.

Welche Gemüsesorten vertragen etwas Frost?

Gemüsesorten wie Chinakohl, Blattsalate, Rote Beete und Endivien können leichte Fröste bis zwei, drei Grad minus vertragen. Das gilt auch für Mangold, Radieschen, Rot-, Weiß- und Wirsingkohl. Unter einer schützenden Abdeckung

aus Vlies können sie auch etwas kältere Frostphasen aushalten. Oftmals folgt nach ein bis zwei Frostnächten wieder eine mildere Periode, sodass Sie durch das Abdecken die Erntezeit dieser Gemüsesorten verlängern können. Andere Gemüsesorten trotzen ebenfalls dem Frost. Sellerie oder Karotten sind recht robust und vertragen auch Temperaturen unter dem Gefrierpunkt. Ernten Sie zu früh, leiden Haltbarkeit und Geschmack. Bis in den November hinein können Sie diese Gemüsesorten ohne Weiteres im Boden lassen.

Welche Gemüsesorten brauchen etwas Frost?

Das typische Wintergemüse wie Porree, Feldsalat oder Grün- und Rosenkohl kann auch stärkere Fröste überstehen. Zudem schmeckt es nach einigen Frostnächten einfach besser. Empfehlenswert ist es dennoch, das Wintergemüse unter Vlies zu schützen, weil es so – gerade bei kaltem Wind – weniger austrocknet und die Qualität nicht leidet.

Der Geschmack der Blätter bei Grünkohl kann verbessert werden, wenn er länger bei niedrigen Temperaturen auf dem Gemüsebeet bleibt. Doch was bewirken die Minustemperaturen im Kohl? Schmackhafter wird er einfach deshalb, weil sich bei geringen Temperaturen auch der Stoffwechsel in der Pflanze verringert. Der Zuckergehalt in den Kohlblättern steigt aber durch die Fotosynthese weiter an. Dadurch erhält der Grünkohl seinen typischen herb-süßen Geschmack. Frost ist nicht unbedingt nötig, um den Kohl geschmacklich zu verbessern. Niedrige Temperaturen und die Wintersonne reichen für die optimale Geschmacksbildung bereits aus.

Die Topinambur braucht keinen Frost, um gut zu schmecken. Sie verträgt auch stärkere Minusgrade und zählt zu den Wintergemüsen. In einigen Regionen wird die Knolle auch als Zuckerkartoffel oder Erdartischocke bezeichnet. Früher war sie recht verbreitet, bis sie von der Kartoffel verdrängt wurde. Heute ist sie vor allem als kalorienarmes Abnehmgemüse bekannt.

Die Ernte dieser winterharten Knolle beginnt im Oktober. Bis ungefähr in den März hinein können Sie sich mit den Knollen, deren Farbspektrum von Violett bis Braun reicht, versorgen. Am besten ernten Sie immer nach Bedarf, denn der Nachteil gegenüber den Kartoffeln ist die mangelnde Lagerfähigkeit. Da die Topinambur nur eine sehr dünne Schale hat, kann die Feuchtigkeit schnell verdunsten und die Knolle verschrumpelt schnell. Verarbeiten können Sie die Topinambur auf vielfältige Weise. Graben Sie die Knollen aus, waschen Sie sie und verwenden Sie sie mit oder ohne Schale, roh, gekocht oder gebraten. Sie können sie als Beilage dünsten, zu einer Suppe verarbeiten oder als Püree genießen.

Gemüse vor dem ersten Frost schützen

Wenn der Winter näher rückt, wird es Zeit, den Garten winterfest zu machen. Auch die Gemüsebeete brauchen jetzt Schutz. Viele Sorten sind bereits abgeerntet, doch das typische Wintergemüse kann auch bei frostigen Temperaturen noch im Beet bleiben. Auch eine Lage Schnee macht den Pflanzen in der Regel nichts aus.

Damit Sie das Gemüse immer frisch ernten können, empfiehlt sich eine Abdeckung, die Sie schnell beiseiteschieben können. Breiten Sie eine Lage Vlies über den Pflanzen aus, die Sie an den Seiten mit Erde oder Steinen befestigen können. Möchten Sie das Gemüse ernten, brauchen Sie das Vlies nur hochzuschlagen und können es danach wieder leicht fixieren. Besonders geeignet sind spezielle Wärmeschutzvliese, weil diese sehr atmungsaktiv sind. So wird das natürliche Mikroklima nicht gestört. Haben Sie keine Winterschutzfliese zur Hand, können Sie das Gemüse auch mit einer lockeren, luftdurchlässigen Schicht aus Stroh, Laub oder Heckenschnitt schützen. Nach dem Ernten dürfen Sie nicht vergessen, wieder eine schützende Schicht aufzulegen.

Bei höherwachsenden Salaten wie mehrjährigem Rucola, Chinakohl oder Zuckerhut hat sich als Winterschutz ein Folientunnel bewährt. Hierzu schlagen Sie Pfähle in den Boden, wobei Sie aus Vlies eine Art Dach bauen. So ist das Gemüse vor Frost, aber auch vor starken Niederschlägen geschützt. Die Seiten verschließen Sie ebenfalls mit Vlies. Zum Ernten öffnen Sie die Seiten einfach und schließen sie danach wieder.

Lagergemüse

Nicht alle Gemüsesorten müssen Sie nach der Ernte gleich verzehren, einkochen oder einfrieren. Manche Gemüsearten sind über mehrere Wochen und Monate lagerfähig und versorgen uns auch im Winter mit Vitaminen und Nährstoffen. Damit sich das Gemüse länger hält, muss es bei der Einlagerung sauber und unversehrt sein.

Gemüse für die Lagerung vorbereiten

Bei Wurzel- und Knollengemüse entfernen Sie die Blätter und lassen nur ganz kurze Ansätze stehen. Beim Kohl bleiben alle Blätter – bis auf beschädigte oder sehr schmutzige – erhalten. Schauen Sie sich jedes einzelne Gemüse genau an. Entdecken Sie faule Stellen oder Verletzungen, eignet sich dieses Gemüse nicht zum Einlagern. Nur gesundes Gemüse und Knollen ohne Druckstellen dürfen eingelagert werden. Sie

Tipp

Wenn Sie Gemüse über die Wintermonate einlagern möchten, ernten Sie es am besten in den Abendstunden eines warmen Herbsttages.

müssen das Gemüse nicht waschen, es reicht, die Erde vorsichtig abzuklopfen. Bis zur endgültigen Lagerung lassen Sie das Gemüse an einem trockenen, aber kühlen Ort abtrocknen. Ist es richtig trocken, können Sie es einlagern.
Hinweis: Lagern Sie Gemüse nie zusammen mit Obst, denn manche Früchte wie Äpfel verströmen das Reifegas Ethylen. So keimen Kartoffeln schneller aus und Weißkohl bekommt gelbe Blätter. Auch kann das Obst Gerüche von Kohl und Zwiebeln annehmen.

Empfohlener Lagerort und Lagerdauer

Für die Einlagerung von Gemüse werden folgende Möglichkeiten empfohlen.

Kühlschrank

Blattgemüse wie Salate, Mangold und Spinat halten bis zu fünf Tage im Kühlschrank. Gelagert werden sollte das Gemüse in einem speziellen Obst- und Gemüsefach.

Trockener und kühler Raum

Geeignet sind entsprechende Kellerräume, wenn sie nicht zu warm sind. Hier können Sie Paprika, Tomaten, Gurken, Erbsen, Grüne Bohnen und Zucchini bis zu sieben Tage lagern. Im Kühlschrank sollten diese wasserreichen Gemüsearten eher nicht aufbewahrt werden. Kohlgemüse wie Wirsing, Lauch, Grünkohl, Rosenkohl oder Brokkoli können in einem kühlen Raum rund fünf Tage eingelagert werden. Alternativ können Sie hier auch das Gemüsefach im Kühlschrank nutzen.

Natur- oder Erdkeller

Haben Sie einen speziellen Erdkeller im Haus, ist dieser durch das dort herrschende Klima und die nötige Luftfeuchtigkeit bestens für Lagergemüse geeignet. Kohlgemüse wie Kohlrabi oder Weiß- und Rotkohl können Sie dort rund vier Wochen lagern. Wurzelgemüse wie Sellerieknollen, Gelbe Rüben, Pastinaken oder Schwarzwurzeln sind sogar bis zu sechs Monate haltbar. Auch Kartoffeln und Zwiebeln sind längere Zeit lagerfähig. Kontrollieren Sie das Gemüse immer wieder auf eventuelle Beschädigungen oder Krankheiten und sortieren Sie faule und angeschlagene Knollen und Gemüse aus.
Wurzel- und Knollengemüse lässt sich am besten in Holzkisten lagern. Füllen Sie diese mit feuchtem Sand und legen Sie das Gemüse schichtweise hinein. Kohlköpfe, Endivien und Chinakohl schlagen Sie einzeln in Papier ein und lagern sie ebenfalls in Holzkisten. Kartof-

Tipp

Bei älteren Häusern können Sie auch den Dachboden als Lagerort für Zwiebelgemüse nutzen. Der Raum sollte dunkel sein und eine niedrige Luftfeuchtigkeit haben. Spannen Sie eine Wäscheleine oder Schnur und hängen Sie die Zwiebeln mit dem eingetrockneten Laub daran auf.

feln brauchen keine besondere Pflege. Sie werden vorsichtig in Holzstiegen geschüttet und in einem dunklen, kühlen Raum gelagert. Ist es zu warm, beginnen sie vorzeitig zu treiben.

Das Gemüsebeet umgraben oder nicht?

Hieß es früher, das Beet muss auf jeden Fall umgegraben werden, hat hier in den letzten Jahren ein Wandel stattgefunden. Heute heißt die Devise eher: Auflockern statt Umgraben. So bleibt die Bodenstruktur mit ihren natürlichen Schichten erhalten.

Natürliches Gleichgewicht erhalten

Im Laufe eines Gartenjahres entsteht im Boden eine Humusschicht von rund 10 bis 20 Zentimeter. Hier tummeln sich unzählige Kleinstlebewesen und Mikroorganismen. Viele sind auf spezielle Lebensbedingungen angewiesen, die sie nur in einer bestimmten Tiefe des Bodens vorfinden. Wenn Sie nun umgraben, bringen Sie das ganze fein abgestimmte System durcheinander. Zudem bringen Sie beim Umgraben den Unkrautsamen an die Oberfläche, der in den tieferen Schichten überdauert hat. Deshalb passiert es oft, dass der frisch umgegrabene Boden nach kurzer Zeit von Unkraut bedeckt ist.

Den Boden schonend auflockern

Damit die natürlich gewachsene Struktur des Bodens erhalten bleibt, lockern Sie den Boden nur vorsichtig mit einer Grabgabel. Durch das Auflockern kann Luft an die unteren Bodenschichten gelangen, die Mikroorganismen werden dabei nicht gestört. Haben Sie ein großes Beet, können Sie eine breitere Grabgabel verwenden, für kleinere Beete mit lockerem Boden genügt auch ein Sauzahn. Er lockert den Boden tiefgründig, ohne ihn zu wenden.

Vorbereitung für den Winter

Wenn Sie die Beete nicht umgraben, können Sie etwas Kompost in die oberste Erdschicht einharken. Danach decken Sie Ihr abgeerntetes Gemüsebeet mit einer schützenden Schicht aus organischem Abfall oder Herbstlaub zu. So wird zum einen das übermäßige Wachstum von Unkraut verhindert, zum anderen wird der Boden vor starken Temperaturschwankungen bewahrt. Als Alternative können Sie eine Gründüngung einsäen. Auch diese dient als schützende Mulchschicht.

Dann ist Umgraben sinnvoll

Wie immer gibt es Ausnahmen von der Regel. In einigen Fällen haben Sie gar keine Wahl: Sie müssen umgraben. Das gilt für schwere Lehm- oder Tonböden, die Sie für den Gemüseanbau nutzen wollen. Graben Sie diese Böden im Herbst um, damit Sie im Frühjahr aussäen können. Auch wenn Sie ein neues Gemüsebeet anlegen möchten, sollten Sie den bisher ungenutzten Bereich umgraben. Entfernen Sie dabei jegliches Unkraut mitsamt den Wurzeln. Damit

Sie den Boden für den Gemüseanbau vorbereiten, können Sie im ersten Jahr Kartoffeln anpflanzen. Denn diese helfen sogar gegen Giersch. Er gehört neben der Ackerwinde und dem Ackerschachtelhalm zu den hartnäckigsten Unkräutern im Garten. Kartoffeln unterdrücken das Unkraut und lockern gleichzeitig den Boden. Deshalb sind sie besonders bei der Neuanlage eines Gemüsebeetes die ideale Grundlage.

Winterkeimer aussäen

Damit Sie Gemüse auch im Winter ernten können, müssen Sie den richtigen Zeitpunkt der Aussaat kennen.

Winterrettiche

Damit Sie vor dem ersten Frost ernten können, säen Sie im Laufe des Julis aus. Ab Ende Oktober bis zu den ersten Frostnächten können Sie nun die Ernte einbringen. Winterrettiche eignen sich genau wie Kohl und Rüben als Lagergemüse.

Endivie und Frisée

Bis Ende Juli ist die Aussaatzeit für Endivien. Geerntet werden kann dann von Mitte September bis zum ersten Frost. Unter Folie oder Vlies kann das Gemüse auch Temperaturen von etwa fünf Grad minus überstehen.

Feldsalat

Die Direktsaat im Freiland ist von Anfang April bis Ende August, für die Überwinterung können Sie Feldsalat bis Ende September/Anfang Oktober aussäen. Die Aussaat erfolgt in Reihen oder breitwürfig.

Gründüngung für die Beete

Durch eine sogenannte Gründüngung können Sie die Qualität Ihres Bodens merklich verbessern. Es gibt im Fachhandel verschiedene Gründüngungsmischungen, alternativ können Sie auch einzelne Pflanzenarten nutzen. Die ausgesäten Pflanzen lockern den Boden auf und reichern ihn mit Humus an. Zudem wird

der Unkrautwuchs unterdrückt. Im Herbst ist die Gründüngung besonders wichtig, denn so werden weniger Nährstoffe aus dem Boden ausgewaschen.

Gemüsebeete vorbereiten

Haben Sie Beete im Gemüsegarten, in denen Sie nach dem Monat September nichts mehr säen oder pflanzen, können Sie diese mit einer Gründüngung bestellen. Im Frühjahr wird die Düngung dann eingearbeitet. Empfehlenswert ist es auch, vor der Anlage eines neuen Beetes eine Gründüngung auszusäen. Eingeteilt werden die Gründüngungspflanzen in zwei Gruppen: die Schmetterlingsblütler oder Leguminosen und die Nicht-Leguminosen. Ausgesät werden die Gründüngungspflanzen in der Regel breitwürfig. Die Samen arbeiten Sie dann mit einem Rechen in den Boden ein, allerdings dürfen Sie sie nicht tief untergraben.

Gelbsenf

Er lässt sich vielseitig einsetzen und keimt recht schnell. Geeignet ist er für Beete, die Sie noch nicht benötigen, alternativ können Sie den Gelbsenf auch als Untersaat benutzen. Beachten müssen Sie, dass Sie auf abgeernteten Kohlbeeten keinen Gelbsenf als Gründüngung einsetzen, da der Senf wie auch die Kohlsorten zur Familie der Kreuzblütler gehören. Deshalb wird die Fruchtfolge zu eng und es besteht unter anderem die Gefahr der Übertragung der Kohlhernie.

Phazelia

Die Phazelia, die umgangssprachlich passenderweise Bienenfreund genannt wird, wird gerne zur Gründüngung angebaut und eignet sich besonders nach frühreifenden Kulturen wie frühen Erbsen und Frühkartoffeln. Die Pflanze kann auch mit Lupinen oder Ölrettich ausgebracht werden.

Kresse

Auch Kresse kann als Gründüngungspflanze verwendet werden, wobei sie als Vorfrucht, Zwischenfrucht oder als Nachfrucht dienen kann. Sogar als Untersaat bei Tomaten oder Zuckermais kann sie genutzt werden.

Leguminosen

Die Pflanzen aus der Familie der Schmetterlingsblüher gelten als Stickstoffsammler. Sie können mit Hilfe von Bakterien den Luftstickstoff binden. Zu diesen Arten gehören unter anderem Lupinen, Wicken und Kleearten.

- **Lupinen:** Die tiefwurzelnden Lupinen eignen sich als Vor-, Zwischen oder Nachfrucht. Besonders bewährt als Gründüngungspflanzen haben sich die Gelbe, Blaue und Weiße Lupine.

- **Ackerbohne:** Die Ackerbohne kann als Vorfrucht von Tomaten, Gurken oder Spätkohl verwendet werden. Sie sammelt viel Stickstoff und eignet sich auch gut als Mulchdecke.

Obst

Damit Ihre Obstbäume den Winter gut überstehen, brauchen sie einen Frostschutz. Beginnen Sie damit bereits im Herbst, so sind Ihre Bäume perfekt auf den Winter vorbereitet.

Rindenrisse an Obstbäumen

Frostrisse an Obstbäumen und Ziergehölzen gehören zu den häufigsten Schäden, die im Winter entstehen können. Das liegt an den starken Temperaturunterschieden zwischen den kalten Frostnächten einerseits und den warmen Mittagstemperaturen am Tag. Erwärmt die Sonne den Stamm innerhalb kurzer Zeit, entstehen Spannungen im Rindengewebe. Ist die Belastung zu stark, kann die Rinde platzen. Frostrisse bei Obstbäumen sind keinesfalls

harmlos, sondern können sogar ein Absterben des Baumes zur Folge haben. Mit einem Weißanstrich – Fertigpräparate sind im Handel erhältlich – können Sie die Gefahr mindern. Der Anstrich wird bei trockenem, frostfreiem Wetter durchgeführt. Durch die helle Farbe werden die Sonnenstrahlen reflektiert, sodass extreme Temperaturschwankungen abgemildert werden. Wenn Sie aus ästhetischen Gründen keinen Weißanstrich an Ihren Obstbäumen möchten, können Sie den Stamm mit Jute oder Wintervlies umwickeln.

Baumscheiben mulchen

Als Baumscheibe wird die Erdfläche rund um den Baumstamm bezeichnet. Um Baum und Wurzeln vor Bodenfrost zu schützen, empfiehlt es sich, eine dicke Mulchdecke aufzutragen. Herbstlaub oder Stroh eignen sich weniger. Damit sich der Boden nach dem Winter wieder erwärmen kann, muss die Mulchschicht im Frühjahr wieder entfernt werden.

Leimringe gegen den Frostspanner

Der Frostspanner ist ein Schmetterling aus der Familie der Spanner. Er frisst an allen Obstbäumen, außer an Pfirsichbäumen. Es gibt verschiedene Arten, wobei an Obstbäumen vorwiegend der Kleine und der Große Frostspanner auftreten. Die Raupen des Kleinen Frostspanners sind hellgrün, die des Großen Frostspanners braun. Die Raupen können ganze Bäume kahl fressen und die Obstbäume schädigen. Um den Frostspanner zu bekämpfen, können Sie Leimringe an den Bäumen anbringen. So werden Paarung und Eiablage verringert. Bereits Mitte September sollten die Leimringe an den Bäumen angebracht werden. Warten Sie nicht zu lange, sonst können Sie einen Befall eventuell nicht mehr verhindern. Der Leimring muss eng anliegen und regelmäßig kontrolliert werden. Bei Bedarf legen Sie einen neuen Leimring an. Im März sollten Sie die Ringe dann wieder entfernen, denn jetzt werden so langsam auch wieder die Nützlinge aktiv. Sie dürfen nicht am Leimring hängen bleiben. Falls Sie Hühner halten, können Sie diese ab Mai unter Ihren Obstbäumen picken lassen. Sie picken nämlich die Puppen der Frostspanner auf und verhindern so eine erneute Vermehrung.

Obst richtig einlagern

Hatten Sie eine reiche Ernte von Ihren Obstbäumen? Dann möchten Sie sich sicherlich auch im Winter an Ihrem Obst erfreuen. Wenn Sie einen Erd- bzw. Naturkeller im Haus haben, sind das die idealen Lagerbedingungen für Obst und Gemüse. Generell gilt: Je kühler und feuchter Sie das Obst lagern, desto länger ist es haltbar. Optimal sind Temperaturen zwischen zwei und sechs Grad Celsius – je nach Obstsorte – und eine Luftfeuchtigkeit zwischen 80 und 90 Prozent. Zudem sollte der Lagerort dunkel sein und über eine ausreichende Belüftung verfügen.

Tipp

Obst sollte nie gemeinsam mit Gemüse gelagert werden. Haben Sie nicht genügend Lagerfläche zur Verfügung, bringen Sie zumindest genügend Abstand zwischen Gemüse und Obst. Zum einen nimmt Obst Gerüche von Kohl und Zwiebeln an, zum anderen gibt es Gemüsesorten, die das Reifegas Ethylen ausscheiden. Dadurch wird das Obst weich und verdirbt schneller.

Ernten und Einlagern

Damit Ihr Obst eingelagert werden kann, sollten Sie es bei trockenem Wetter ernten. Sehr reifes oder bereits beschädigtes Obst sollten Sie alsbald verbrauchen, es eignet sich nicht zum Einlagern. Frühe Sorten sind weniger haltbar als späte Sorten. Möchten Sie Ihr Obst also einlagern, sollten Sie bei der Auswahl der Obstsorten darauf achten.

Äpfel einlagern

Äpfel gehören zu den Obstsorten, die lange haltbar sind. Ernten Sie Äpfel, die zum Einlagern bestimmt sind, immer nur bei trocknem Wetter. Drehen Sie behutsam am Stiel und nehmen Sie den Apfel vorsichtig in die Hand. Legen Sie ihn dann gemeinsam mit den anderen Äpfeln in einen geflochtenen Holzkorb und bringen Sie die Ernte dann in den Lagerraum. Äpfel können Sie einzeln auf einem Holzregal lagern oder in Holzstiegen. Damit sie lange saftig und knackig bleiben, brauchen sie kühle Temperaturen und eine sehr hohe Luftfeuchtigkeit. Kontrollieren Sie die eingelagerten Äpfel regelmäßig. Entdecken Sie faule oder schadhafte Stellen, sollten Sie diese Äpfel aussortieren und möglichst bald essen.

Birnen einlagern

Viele Birnensorten sind nur begrenzt lagerfähig. Möchten Sie Birnen einlagern, sollten Sie auf Winterbirnen zurückgreifen. Sie sind dann reif, wenn sich die Samenkerne braun verfärbt haben. Zu den lagerfähigen Birnensorten gehören unter anderem Gellerts Butterbirne, Alexander Lucas und die Concorde.

Äpfel und lagerfähige Birnen halten bis zu sieben Monate in einem Natur- oder Erdkeller.

Obstbäume pflanzen

Für welche Baumarten Sie sich letztendlich entscheiden, richtet sich nach den natürlichen Standortverhältnissen. Obstsorten wie Pfirsiche und Aprikosen gedeihen besser in klimatisch geeigneten Gebieten mit Weinbauklima. Süß- und Sauerkirschen mögen warme Lagen, Apfelbäume sind robuster. Auch die Hauszwetschgen können fast überall angebaut werden. Die Bodenansprüche sind je nach Obstbaumart unterschiedlich, jedoch mögen alle einen tiefgründigen Boden ohne Verdichtungen. Wärmeliebendes Obst wie Aprikosen und Pfirsiche

sollte im Frühling gepflanzt werden, andere Obstarten gedeihen bei entsprechenden Klimabedingungen auch bei einer Herbstpflanzung.

Platzangebot im Garten

Haben Sie einen großen Garten, steht Ihnen in der Regel genügend Platz für große Obstbäume zur Verfügung. Doch oft ist es besser, sich an kleine Baumformen zu halten. Denn jeder Baum benötigt ausreichend Platz.

Sortierungen für Obstbäume

Obstbäume werden nach ihrer Höhe eingeteilt. So können Sie sich im Handel informieren, welcher Obstbaum zu Ihrem Garten passt.

- Buschbäume bzw. Spindeln – Stammlänge von 40 bis 60 cm
- Niederstämme – Stammhöhe 80 bis 100 cm
- Halbstämme bzw. Meterstämme – Stammhöhe 100 bis 120 cm
- Hochstämme – Mindeststammlänge 160 bis 180 cm

Befruchtung

Wenn Sie die Obstsorten für Ihren Garten zusammenstellen, müssen Sie neben dem Standort und den klimatischen Verhältnissen auch an die Befruchtung denken. Denn manchmal brauchen Sie noch eine zweite Sorte, damit die erste überhaupt trägt. Hier müssen Sie auf die Befruchtungsfähigkeit und auf die Blütezeit achten. Denn nur dann, wenn sich die Blütezeit der beiden Sorten auch überschneidet, wird eine Befruchtung erfolgreich sein. Deshalb ist es sehr ungünstig, wenn Sie früh- und spätblühende Sorten miteinander kombinieren wollen. Die meisten Apfel-, Birnen und Süßkirschensorten sind Fremdbefruchter. Allerdings gibt es bei Süßkirschen bereits auch selbstbefruchtbare Sorten.

Tipp

Denken Sie bei der Auswahl der Obstsorten neben den regionalen Bedingungen auch an die Reifezeit. Nicht jedes Obst reift zur gleichen Zeit. Können Sie das Obst nicht sofort verwerten, müssen Sie es einlagern, einfrieren oder auf andere Weise haltbar machen.

Obstarten

- **Kernobst**

Apfel, Birne, Mispel, Quitte

- **Steinobst**

Pflaume, Kirsche, Mirabelle, Zwetschge, Aprikose, Pfirsich, Nektarine

- **Nüsse**

Haselnuss, Walnuss

- **Beeren**

Erdbeeren, Brombeeren, Stachelbeeren, Himbeeren, Heidelbeeren, Johannisbeeren

Pflanzabstand

Denken Sie hier nicht nur daran, wie klein das Bäumchen bei der Pflanzung ist. Gehen Sie bereits beim Einpflanzen davon aus, wie groß der Obstbaum einmal wird und wie viel Platz er später braucht. Entsprechend großzügig sollten Sie die Pflanzabstände wählen. Bei einem Spindelbusch sind es etwa vier Meter, bei einem Hochstamm rund zehn Meter.

Herbstpflanzung

Der Herbst ist die richtige Jahreszeit, um Obstbäume zu pflanzen. Außer bei den wärmeliebenden Sorten, die eine Frühjahrspflanzung vorziehen, können Apfelbäume, Birnbäume oder Kirschbäume im Herbst eingesetzt werden. So haben die Bäume bis zum Winter genügend Zeit, noch neue Wurzeln zu bilden. Im Frühjahr treiben sie dann kräftiger aus.

Pflanzschnitt

Bevor Sie den Baum einsetzen, sollten Sie einen Pflanzschnitt vornehmen. Dabei kürzen Sie vorsichtig die Wurzeln, die übermäßig lang sind. Stehen einige Wurzeln unverhältnismäßig ab und passen sie damit nicht in das vorgesehene Erdloch hinein, schneiden Sie diese ab. Haben Sie einen Baum ausgegraben und möchten Sie ihn an anderer Stelle wieder einpflanzen, sollten Sie zuerst die beim Ausgraben verletzten Wurzeln abschneiden. Die Schnittflächen zeigen hierbei immer nach unten. Vermeiden Sie es jedoch, zu viel an den Wurzeln zu schneiden. Es genügt wirklich nur ein geringer Pflanzschnitt. Je mehr gesunde Wurzeln der Obstbaum hat, desto schneller wird er wachsen und gedeihen.

Pflanzen von Obstgehölzen

Ehe Sie die Obstbäume pflanzen, sollten Sie den Boden vorbereiten. Lockern Sie ihn großflächig auf und entfernen Sie eventuelles Unkraut. Das Pflanzloch muss etwas größer sein als die Größe des Wurzelballens. Beim Einpflanzen müssen Sie darauf achten, dass Sie den Baum nicht tiefer einsetzen, als er vorher in der Baumschule gestanden hat. Bei Containerpflanzen bedeutet das: Die Oberkante des Wurzelballens ist auch die Oberkante des Erdreichs. Richten Sie sich auch nach der Veredelungsstelle, die Sie als Verdickung am unteren Stammende gut erkennen können. Sie sollte mindestens fünf Zentimeter aus der Erde herausschauen.

Pfahl einsetzen

In den meisten Fällen brauchen Obstbäume einen Pfahl, damit sie gut anwachsen können. Sobald Sie das Pflanzloch gegraben haben, schlagen Sie den Pfahl ein. Warten Sie nicht, bis der Baum eingepflanzt ist, denn wenn Sie den Pfahl danach einschlagen, könnten Sie die zarten Wurzeln verletzen. Um den Baum am Pfahl zu befestigen, eignen sich spezielle Stricke oder Baumbänder, die Sie im Fachhandel erhalten. Stamm und Pfahl dürfen sich übrigens nicht berühren, sondern müssen ausreichenden Abstand zueinander haben. Zwar muss der Pfahl dem Bäumchen Halt geben, er darf aber keinesfalls die Rinde aufscheuern.

Zu zweit arbeiten

Empfehlenswert ist es, beim Einsetzen von Obstbäumen zu zweit zu arbeiten. So geht die Arbeit leichter von der Hand und der Baum wird nicht unnötig verletzt. Ist das Pflanzloch ausgegraben, hält einer den Baum, während der andere behutsam die Erde einfüllt. Sobald die Erde aufgefüllt ist, packen Sie den Stamm fest an und rütteln Sie etwas. Dabei muss der Baum senkrecht stehen. Durch das Hochrütteln

setzt sich die lockere Erde zwischen die Wurzeln. Damit ist das Einpflanzen fast beendet. Am Schluss treten Sie die Erde vorsichtig an, füllen bei Bedarf noch etwas nach und gießen das Bäumchen kräftig an. Ist das Wasser eingesickert, legen Sie noch einen Gießrand an. Nehmen Sie dazu etwas Erde und häufeln Sie die Erde rings um den Baum wie einen Ringwall an. Dann mulchen Sie die Baumscheibe mit Kompost oder Rindenhumus. So vorbereitet kann der Baum nun an seinem neuen Platz anwachsen.

Düngung und Bodenpflege

Zwar geben sich viele Obstbäume auch mit einem kargen Boden zufrieden und gedeihen, doch um hohe Erträge mit dem typischen Geschmack der Früchte zu bekommen, braucht der Boden Nährstoffe. Fehlt Stickstoff, werden die Obstbäume nur schwach austreiben. Bei fehlender Phosphorsäure werden Blüte und Fruchtansatz nicht zufriedenstellend gefördert. Auch Kalium wird benötigt. Wichtig ist, im gesamten Wurzelbereich zu düngen, damit der Dünger auch direkt an die Wurzeln gelangen kann.

Obstbäume schneiden

Äste und Triebe, die entfernt werden müssen, sollten glatt abgeschnitten werden. Aststummel sind zu vermeiden. Sie sehen nicht nur unschön aus, sondern trocknen zurück oder treiben stark aus. Auch Schädlinge wie der Holzpilz könnten sich einnisten. Stärkere Äste sollten Sie zunächst in kleinen Partien schneiden. Das hat den Vorteil, dass Sie die Rinde nicht verletzen. Würden Sie den gesamten Ast einfach am Stamm absägen, ist die Kraft, mit der der Ast bricht einfach zu stark. So könnten Sie die Stammrinde verletzen. Schneiden Sie den Ast in kleinen Stücken nach und nach ab und entfernen Sie diesen letztendlich auf Astring. „Auf Astring" heißt, Sie schneiden unmittelbar am Stamm. Als Schneidewerkzeug empfehlen sich Astscheren, die besonders lange Hebel haben. So wird die Kraftübersetzung erhöht und Sie müssen sich nicht über Gebühr anstrengen.

Winterschnitt von Obstbäumen

Darüber, wann ein Obstbaum geschnitten werden sollte, wurde viele Jahre diskutiert. Letztendlich ist es sinnvoll, Obstbäume regelmäßig zu schneiden, damit der Baum gedeiht und die Früchte eine hohe Qualität bekommen. In der Regel ist ein Obstbaumschnitt im Februar oder März zu empfehlen, das heißt, bevor der Baum austreibt. Als Ergänzung zum Winterschnitt kann dann noch ein Sommerschnitt vorgenommen werden. Bevor Sie mit dem Schneiden beginnen, sollten Sie das nötige Werkzeug bereitlegen. Wichtig sind scharfe und gepflegte Schnittwerkzeuge.

Nachdem Sie beim Einpflanzen der jungen Obstbäume den Pflanzschnitt vorgenommen haben, bekommt der Baum im Frühjahr einen Rückschnitt. So wird das Grundgerüst des Baumes aufgebaut. Lassen Sie immer einen Mitteltrieb und drei bis vier Hauptäste stehen,

die überzähligen Äste schneiden Sie weg. In den Jahren nach der Pflanzung unterstützen Sie den Pflanzschnitt und führen diesen weiter. So entsteht ein klassischer Kronenaufbau. Ist der Baum dann langsam in die Jahre gekommen, wird es Zeit für den Verjüngungsschnitt. Das wird dann notwendig, wenn keine ausreichenden Triebe mehr nachwachsen oder die Größe der Früchte abnimmt. Nach dem Schneiden ist der Baum dann wieder in der Lage, neue Triebe zu bilden und Blüten und Früchte können sich wieder besser entwickeln.

Da das Thema Obstbaumschnitt sehr umfangreich ist, kann es nicht umfassend an dieser Stelle behandelt werden. Gartenneulinge, die mehr über die verschiedenen Schnittformen bei Obstgehölzen erfahren möchten, sollten deshalb ihr Wissen vertiefen. Auch für „alte Gartenhasen" sind Kurse zum Thema Obstbaumschnitt sicherlich sehr interessant. Im Laufe der Jahre verändern sich die Techniken und es gibt immer wieder Neuigkeiten in diesem Bereich. Viele Baumschulen bieten jährliche Obstbaumschnitt-Kurse an, die Sie gegen eine geringe Teilnahmegebühr besuchen können. Informieren Sie sich in Ihrer Region, wann die nächsten Kurse stattfinden und tauschen Sie sich mit den anderen Teilnehmern über die besten Methoden aus.

Kräuter

Selbst ein kleiner Kräutergarten ist vielseitig nutzbar. So haben Sie immer frische Kräuter zur Hand und können Sie zum Verfeinern Ihrer Speisen benutzen. Kräuter enthalten Vitamine, Mineralien und zahlreiche gesundheitsfördernde Stoffe und sollten deshalb in keiner Küche fehlen. Da die meisten Kräuter recht anspruchslos sind, begnügen sie sich mit einem mageren Boden, viel Sonne und Wärme. Gießen Sie dann noch genügend, werden Ihre Kräuter die Pflege mit gutem Wachstum danken.

Samen kaufen

Damit Sie an Ihren selbst gezogenen Kräutern Freude haben, sollten Sie bereits bei den Samen auf Qualität achten. Denken Sie weniger an den Preis, sondern an das Resultat. Wenn Sie Samen zu einem günstigen Preis kaufen, der vielleicht bereits verdorben ist und deshalb nicht keimt, werden Sie sich nur ärgern. Deshalb sollte der Preis nicht das ausschlaggebende Kriterium sein. Kaufen Sie bei einem Samenhändler Ihres Vertrauens oder fragen Sie in Ihrer Gärtnerei. Um die Samenfrische zu erkennen, schauen Sie einfach auf das Haltbarkeitsdatum, das auf den Samentütchen angegeben ist. Je länger noch Zeit bis zum Ablaufdatum ist, desto frischer und damit keimfähiger sind die Samen. Kaufen Sie deshalb Samen auch nie auf Vorrat ein, sondern nur bei Bedarf. Auch hier zählen wieder die Frische und damit die bessere Keimfähigkeit. Je besser die Samen keimen, desto schneller können Sie sich an Ihren Kräutern erfreuen.

Kaufen Sie Jungpflanzen, sollten Sie diese nicht gleich in Ihr Kräuterbeet setzen. Stellen Sie den Topf erst einmal separat und beobachten Sie die Pflanze eine Weile. Der Grund dafür: Wenn Sie eine Jungpflanze im Handel kaufen, muss diese nicht zwingend gesund sein. Manchmal

sind die Pflanzenteile krank oder von Schädlingen befallen. Deshalb sollten Sie frisch gekaufte Jungpflanzen erst einmal in Quarantäne setzen. Erst dann, wenn Sie sicher sind, darf die neue Pflanze in Ihr Kräuterbeet.

Standort und Bodenansprüche

Kräuter gedeihen in Gartenbeeten, Gefäßen wie Schalen und Töpfen sowie in Kräuterspiralen. Sie können die Kräuter als Beipflanzung im Gemüsebeet ziehen, in Ihren Ziergarten integrieren oder einen eigenen Kräutergarten anlegen. Damit die Kräuter wie gewünscht wachsen, sollten Sie den Boden bereits im Herbst vorbereiten. Lockern Sie die Erde und zupfen Sie sorgfältig das Unkraut heraus. Kompostbeimengungen oder Dünger brauchen Sie nicht unbedingt. Wenn Sie Ihre Kräuter in Kübel pflanzen möchten, verwenden Sie Universal- oder Kübelpflanzenerde. Wichtig ist, dass die Töpfe über Abzugslöcher verfügen, damit keine Staunässe entstehen kann. Kräuter wie Rosmarin oder Thymian mögen einen trockenen, vollsonnigen Platz mit einem mageren durchlässigen Boden. Hier können sie ihr Aroma am besten entfalten. Schnittlauch, Petersilie und Liebstöckel gedeihen am besten auf humosem, etwas feuchterem Boden und geben sich auch mit weniger sonnigen Lagen zufrieden.

Aussaat, Vermehrung und Pflege

Ein- und zweijährige Kräuter wie Dill, Bohnenkraut oder Kerbel können Sie ab April direkt an Ort und Stelle aussäen. Im Laufe des Sommers säen Sie dann immer wieder nach, um frische Kräuter zu erhalten. Wärmeliebende Arten wie Kapuzinerkresse oder Basilikum ziehen Sie im Haus vor und setzen Sie dann ab Mitte Mai ins Freiland. Auch die ausdauernden Kräuter wie Schnittlauch, Minze oder Melisse können Sie im Frühjahr gleich ins Beet säen. Wenn Sie verholzende Kräuter wie Lavendel, Thymian oder Salbei vermehren möchten, können Sie im Sommer Stecklinge schneiden. Viel Pflege brauchen Ihre Kräuter nicht. Gießen und schneiden Sie sie regelmäßig, dann werden sie es Ihnen mit gutem Wachstum danken. Im Winter sollten Sie Kräuter wie Salbei und Oregano mit einem Winterschutz bedecken. Nehmen Sie hierfür trockenes Laub und decken Sie die Kräuter mit Fichtenreisig ab. Frostempfindliche Arten wie Rosmarin pflanzen Sie am besten in Kübel, damit Sie diese im Winter ins Haus stellen können.

Kräuter auf Balkon und Fensterbrett

Möchten Sie kein Kräuterbeet anlegen, können Sie Ihre Gewürzkräuter auch im Balkonkasten ziehen. Einjährige Kräuter säen Sie am besten aus, bei mehrjährigen Kräutern setzen Sie Jungpflanzen. Da im Balkonkasten der Wurzelraum eingeschränkt ist, müssen Sie regelmäßig für eine gute Wasser- und Nährstoffversorgung der Pflanzen sorgen. Die mehrjährigen Gewürzpflanzen können milde Winter auch draußen überstehen. Hierzu decken Sie sie mit Tannen-

Einjährige Kräuter – Verwendung

- Basilikum – frisch
- Bohnenkraut – frisch oder getrocknet
- Borretsch – frisch
- Dill – frisch oder gefrostet
- Gartenkresse – frisch
- Majoran – frisch oder getrocknet
- Rucola – frisch

Mehrjährige Kräuter – Verwendung

- Bärlauch – frisch
- Estragon – frisch, getrocknet, gefrostet
- Liebstöckel – frisch und getrocknet
- Oregano – frisch und getrocknet
- Petersilie – frisch, getrocknet oder gefrostet
- Pfefferminze – frisch und getrocknet
- Pimpinelle – frisch und gefrostet
- Rosmarin – frisch und getrocknet
- Salbei – frisch und getrocknet
- Sauerampfer – frisch
- Schnittlauch – frisch, getrocknet, gefrostet
- Thymian – frisch und getrocknet
- Zitronenmelisse – frisch, getrocknet, gefrostet

oder Fichtenreisig ab. An frostfreien Tagen sollten Sie leicht gießen.
Bei wenig Platz können Sie Ihre Kräuter auch auf die Fensterbank stellen. Besonders geeignet ist Schnittlauch. Damit Sie auch im Winter frischen Schnittlauch zur Verfügung haben, graben Sie die Wurzelstöcke Ende September im Garten aus und lagern sie an einem trockenen Platz. Ende November/Anfang Dezember kürzen Sie die Wurzeln ein und entfernen die vergilbten röhrenförmigen Blätter. Nun legen Sie den Wurzelballen für einige Stunden in ein warmes Wasserbad und topfen ihn dann in ein Gefäß ein. Das können Sie dann auf die Fensterbank stellen. Das sieht nicht nur dekorativ aus, sondern schenkt Ihnen auch immer frischen Schnittlauch.

Mehrjährige Kräuter im Haus richtig überwintern

Küchenkräuter erfreuen sich zunehmender Beliebtheit. Möchten doch heute viele Menschen ihre Speisen mit frischen und gesunden Kräutern verfeinern. Im Sommer sind die Kräuter

Tipp

Einjährige Kräuter wie Basilikum oder Dill überstehen den Winter nicht und müssen im nächsten Jahr wieder neu ausgesät werden. Mehrjährige Kräuter wie Petersilie, Schnittlauch oder Thymian können überwintert werden.

recht genügsam und unkompliziert. Im Winter brauchen sie etwas mehr Aufmerksamkeit. Zunächst gilt es, für jedes Küchenkraut den richtigen Winterplatz zu finden. Kräuter mögen es weder zu warm noch zu kalt. Etwas Fingerspitzengefühl ist also gefragt. Doch seien Sie nicht traurig, wenn Sie nicht alle Küchenkräuter gleich im ersten Jahr gut über den Winter bringen, im nächsten Jahr gelingt Ihnen das ganz bestimmt.

Unterschiede

Bei den mehrjährigen Kräutern müssen Sie unterscheiden zwischen den mediterranen Pflanzen wie Lavendel, Thymian und Salbei und den heimischen Sorten. In milden Regionen überstehen auch die Mittelmeer-Kräuter den Winter draußen recht gut. Dafür brauchen sie jedoch einen Frostschutz. Bedecken Sie die Kräuter locker mit Stroh und legen Sie Tannenzweige als Abdeckung darauf. Folie sollten Sie nicht verwenden, da die Kräuter darunter schwitzen und dann verfaulen. Rosmarin und Lorbeer gehören hingegen im Winter ins Haus. Sie freuen sich über einen hellen und kühlen Standort. Treppenhäuser mit genügend Lichteinfall oder Wintergärten sind für die Überwinterung dieser Kräuter gut geeignet. Warme Zimmer oder dunkle Keller hingegen nicht. Auch im Winter müssen Sie die Pflanzen gießen, da sie ansonsten austrocknen. Allerdings reicht es, sparsam zu wässern. Einheimische Kräuter wie Schnittlauch und Petersilie können auch draußen überwintern. Nur wenn es länger kalt ist, brauchen sie etwas Laub oder Fichtenreisig als wärmenden Schutz.

Auspflanzen nach dem Überwintern

Haben Ihre Kräutertöpfe im Haus überwintert, müssen sie sich im Frühjahr erst wieder akklimatisieren. Bevor Sie die Pflanzen ins Freie bringen, sollten Sie die Eisheiligen – Mitte Mai – abwarten. Erst dann können Sie die Töpfe an einen geschützten Ort an die Hauswand oder die Terrasse stellen. So können sich die Kräuter langsam wieder an die Temperaturen gewöhnen. Nach rund zwei Wochen können Sie Ihre Kräuter dann wieder ins Beet auspflanzen.

Der Erntezeitpunkt

Um den richtigen Erntezeitpunkt zu bestimmen, kommt es auf die Entwicklungsphase der Pflanzen an. Basilikum ernten Sie Ende Juni bis Anfang Juli und dann nochmal im September/Oktober. Bei Zitronenmelisse können Sie die frischen Blätter und Triebspitzen regelmäßig ernten. Möchten Sie sich einen Wintervorrat anlegen, sollten Sie die Sprossen vor Beginn der Blüte um die Hälfte einkürzen und die Blätter pflücken. Damit Ihre Küchenkräuter länger haltbar sind, sollten Sie sie in den Vormittagsstunden an einem sonnigen Tag ernten. Dann haben sie die beste Qualität. Ab nachmittags nehmen die Aromastoffe ab und die geernteten Kräuter sind nicht mehr aromatisch. Nach

Tipp

Damit Sie auch in den Wintermonaten Kräuter in der Küche verwenden können, sollten Sie diese rechtzeitig ernten und trocknen. Auch Einfrieren ist eine Möglichkeit, Kräuter haltbar zu machen.

einem Regenschauer sollten Sie nicht ernten, sondern lieber noch ein, zwei Sonnentage abwarten. Bei einigen Kräutern verwenden Sie die Blüten, bei anderen die Blätter oder das Kraut.

Blüten ernten

Achten Sie darauf, die Blüten erst dann zu ernten, wenn sie sich voll geöffnet haben. So enthalten sie die meisten Aromen. Zu diesen Kräutern gehören Kamille, Ringelblume und Lavendel. Ringelblume und Lavendel blühen recht lange, deshalb genügt es hier, wenn Sie nach Ihrem Bedarf ernten.

Manche Kräuter müssen vor der Blüte geerntet werden. Dazu gehört die Melisse. Vor der Blüte ist hier das Aroma am intensivsten, denn wenn das Kraut erst einmal blüht, verliert es seinen vollen Geschmack.
Zu den Kräutern, die mit Beginn der Blütezeit geerntet werden müssen, gehören Pfefferminze, Thymian und Salbei. Zu dieser Zeit ist der Gehalt an wertvollen ätherischen Ölen am intensivsten, danach nimmt er graduell ab.
Einige Kräuterarten entfalten ihren vollen Gehalt an Wirkstoffen erst mit der Vollblüte. Darunter fallen Basilikum und Oregano. Bis ungefähr Ende September können Sie diese aromatischen Küchenkräuter ernten.

Ernten und Konservieren

Bei Basilikum sollten Sie die Triebe nicht zu tief abbrechen, damit sich die Pflanze buschig verzweigt. Trocknen ist hier nicht empfehlenswert, Einfrieren oder in Öl konservieren ist die bessere Methode. Auch Petersilie ist weniger zum Trocknen geeignet. Sie können sie aber wunderbar einfrieren. Da Petersilie meist nur in kleinen Mengen benötigt wird, können Sie Eiswürfelbehälter nutzen. So haben Sie immer die benötigte Menge und können die Kräuter platzsparend unterbringen. Füllen Sie die abgeschnittene Petersilie in die Fächer des Behälters und gießen Sie ein klein wenig Wasser dazu. So erhalten Sie praktische Petersilien-Eiswürfel, die Sie den gesamten Winter über nutzen können. Dill können Sie entweder trocknen oder einfrieren. Auch das Einlegen in Öl ist möglich. Beim Bohnenkraut ernten Sie nur die Blätter und Triebe. Sie können sie trocknen oder einfrieren. Estragon eignet sich weniger zum Trocknen. Die

Estragonblätter und -triebe legen Sie in Essig und Öl ein. Vom Kerbel verwenden Sie die jungen Blätter, wobei das Aroma am besten beim Einfrieren erhalten bleibt. Liebstöckel können Sie einfrieren, aber auch trocknen. Er eignet sich bestens zum Würzen von Fleischgerichten und Eintöpfen.

Kräuter trocknen

Viele Küchenkräuter lassen sich ganz hervorragend trocknen. So können Sie für den Winter einen Vorrat anlegen. Doch Dill, Basilikum oder Estragon sind zum Trocknen weiniger geeignet. Sie schmecken dann fade. Kräuter mit einem kräftigen Aroma wie Rosmarin, Salbei, Thymian oder Bohnenkraut können hingegen getrocknet werden und bewahren ihr Aroma.

Nach dem Ernten werden die Kräuter nicht gewaschen, sondern nur vorsichtig abgeschüttelt. Binden Sie sie dann in kleinen Bündeln zusammen und hängen Sie diese für zwei bis drei Tage an einen warmen, schattigen Ort. Zugig sollte es allerdings nicht sein. Auch wenn es dekorativ aussieht, ist die Küche kein geeigneter Ort zum Trocknen der Kräuter. Durch den Küchendunst beim Kochen würde sich die Trockenzeit verlängern, außerdem wird das Aroma beeinträchtigt. Auch ausgebreitet können Sie die Kräuter trocknen, wenn Sie sie täglich wenden.

Richtig lagern

Sind die Kräuter trocken, lagern Sie sie in dunklen Gläsern oder Dosen. Bewahren Sie diese trocken, kühl und dunkel auf. So haben Sie bis zur nächsten Erntesaison immer aromatische Kräuter zur Hand. Benutzen Sie keine Baumwollbeutel oder gar Plastik, hier würde das Aroma verfliegen und in Plastik beginnen sie zu schwitzen.

Statt trocknen

Neben der Trocknungsmethode gibt es auch noch andere Möglichkeiten, Kräuter haltbar zu machen. Gut geeignet sind beispielsweise Essig und Öl. Die Basis für das Einlegen in Essig und Öl: Füllen Sie ein sauberes Gefäß etwa zu einem Drittel mit frischen Kräutern. Nun füllen Sie das Ganze mit Essig bzw. Öl auf. Stellen Sie das Glas an einen dunklen Ort, der Zimmerwärme haben sollte. Schütteln Sie das Glas täglich und seihen Sie den Inhalt nach zwei Wochen ab. Übrigens können Sie auch viele Kräuter zu Pesto verarbeiten. Füllen Sie das Pesto in Gläser, decken Sie es mit einem dünnen Ölfilm ab und stellen Sie die Gläser kühl. So hält sich Pesto einige Wochen. Auch Kräuterlikör oder Kräuterwein sind gute Kräuter-Ideen. Probieren Sie es einfach mal aus!

Register

Impressum

www.garant-verlag.de

ISBN 978-3-86766-866-8

Komplettproducing: twinbooks, München
Text: Jana Treber für twinbooks, München
Alle Abbildungen © Shutterstock Images, S. 59 wjarek / Shutterstock.com; © Peter Steger: S. 21